## Zu diesem Buch

Warum sagen Frauen ja, wenn sie nein meinen? Weil sie es nicht gelernt haben? Sind Frauen ein Geschlecht von Ja-Sagerinnen, während das Nein eine Domäne der Männer ist? Haben Männer immer Lust, während die «schönste Sache der Welt» den Frauen vielleicht oft nicht das erwartete Vergnügen bereitet?

Hauptdarsteller dieses Buches ist die Generation der um 1960 Geborenen, die die Studentenbewegung und die damit verbundene Liberalisierung der Sexualität eher aus dem Geschichtsunterricht kennt. Interviews mit Frauen und Männern geben Auskunft darüber, wie sie mit ihrer Lust und der ihres Partners umgehen. Die Frage, der die Autorin in diesem Zusammenhang nachgeht, ist die, *warum* Frauen sich so «unterwürfig» verhalten, und welche Schwierigkeiten Männer wie Frauen überwinden müssen, um diese für beide Geschlechter unbefriedigende Sexualität behutsam zu verändern.

## Die Autorin

Felicitas Bachmann, 1962 in Göttingen geboren, studierte in Kassel Sozialwesen. 1986 Diplom als Sozialpädagogin/ -arbeiterin. Arbeit im Frauenbuchladen, Lehraufträge an der Gesamthochschule Kassel zum Themenbereich «Kommunikation im sexuellen Bereich», Leitung einer Soziodramagruppe und einer Jugendtheatergruppe in Kassel.

# Felicitas Bachmann

# Vom Ja-Sagen und Nein-Meinen

**Weibliche Sozialisation
und Sexualität**

**Rowohlt**

Denen, die ich kritisiere

Originalausgabe
Veröffentlicht im Rowohlt Taschenbuch Verlag GmbH,
Reinbek bei Hamburg, Juli 1988
Copyright © 1988 by Rowohlt Taschenbuch Verlag GmbH,
Reinbek bei Hamburg
Lektorat: Jürgen Volbeding
Redaktion: Marion Schweizer
Umschlaggestaltung: Thomas Henning und Claus Pfitzner
Fotos: Oliver Bachmann, Andreas Fleischer, Günter Müller
Satz Bembo (Linotron 202)
Gesamtherstellung Clausen & Bosse, Leck
Printed in Germany
1080–ISBN 3 499 18241 6

# Inhalt

*Jedoch eines Tags, und der Tag war blau*
*Kam einer, der mich nicht bat*
*Und er hängte seinen Hut an den Nagel in meiner Kammer*
*Und ich wußte nicht, was ich tat.*
*Und als er kein Geld hatte*
*Und als er nicht nett war*
*Und sein Kragen war auch am Sonntag nicht rein*
*Und als er nicht wußte, was sich bei einer Dame schickt*
*Zu ihm sagte ich nicht «Nein».*
*Da behielt ich meinen Kopf nicht oben*
*Und ich blieb nicht allgemein.*
*Ach, es schien der Mond die ganze Nacht*
*Und es ward das Boot am Ufer festgemacht*
*Und es konnte gar nicht anders sein!*
*Ja, da muß man sich doch einfach hinlegen*
*Ja, da kann man doch nicht kalt und herzlos sein.*
*Ach, da mußte so viel geschehen*
*Ja, da gab's überhaupt kein Nein.*

Bertolt Brecht

# Die Ja-Sagerin

Worum geht es? Ja, nein – das sind Wörter, die wir im täglichen Sprachgebrauch häufig verwenden. Das berühmteste Ja wird wohl bei der Hochzeit auf die Frage nach der ewigen Treue geantwortet. Das Nein, von dem hier die Rede sein soll, ist eines, das leider selten und auch dann nur mit Mühe ausgesprochen wird.

Ein Mann und eine Frau liegen im Bett, das Vorspiel ist zu Ende. Was nun folgt, wird gemeinhin als die schönste Sache der Welt bezeichnet.

Allerdings ist dies nicht zwangsläufig die Erfüllung aller Sehnsüchte, sondern oft nur ein verkrampfter Versuch, die intimste Nähe herzustellen, koste es, was es wolle, und sei es auch das Gefühl, das man für den Partner bisher empfunden hat. In einem solchen Fall gibt es zwei denkbare Fortsetzungen: Entweder wird der einmal begonnene Akt «durchgezogen» und das Vorspiel durch den Hauptakt abgelöst, oder sie sagt, «Nein, ich will nicht mehr». Letzteres könnte entweder dazu führen, daß er ganz einfach nicht auf dieses Nein hört und sich auf seinem Weg zum angestrebten körperlichen Höhepunkt nicht beirren läßt oder daß er erstaunt von ihr abrückt und eine Diskussion beginnt. Vielleicht, und das wäre dann vorerst das Finale, entschuldigt sie sich schließlich noch für das Nein, das sie auszusprechen wagte. Eine traurige Vorstellung, aber keineswegs ein untypischer Einzelfall.

Woran liegt das? Lügt die Frau wissentlich, indem sie eine Lust vortäuscht, die sie nicht verspürt? Hat sie nicht gelernt, nein zu sagen? Sind Frauen ein Geschlecht von Ja-Sagerinnen, während das Nein eine Domäne der Männer ist? Und können oder wollen Männer das Nein überhören? Fällt es ihnen leichter, mit diesem Problem umzugehen, oder stellt es sich für sie gar nicht?

Hauptdarsteller dieses Buches ist meine Generation, die um 1960 Geborenen, die die Studentenbewegung und die damit verbundene sexuelle Liberalisierung eher aus dem Geschichtsunterricht als aus eigener Erfahrung kennt. Obwohl wir heute von den Auswirkungen der Studentenbewegung gerade im sexuellen Bereich profitieren, ist doch unsere (Sexual-)Erziehung noch sehr repressiv gewesen.

Die Idee zu diesem Buch entspringt meiner eigenen Betroffenheit: Die Situationen, in denen ich ja sagte und damit gegen meinen Willen handelte, sind mir allzu deutlich im Gedächtnis, und ich habe mich lange gefragt, warum.

Interessant waren indessen die Reaktionen anderer auf das Buch: Sie reichten von der Feststellung, *Gut, daß endlich mal jemand etwas darüber sagt* (von Frauen) bis hin zur Abwehr, *Das gibt's doch heute gar nicht mehr* (von Männern). Die Frauen, die ich um ein Interview bat, sagten in fast allen Fällen spontan zu. Die befragten Männer reagierten weltgewandt: *Klar, darüber kann man doch offen reden.* Doch im zweiten oder spätestens dritten Satz kam die Einschränkung *...aber ich glaube nicht, daß ich da ein typischer Vertreter der Spezies Mann bin.*

Ganz herzlich bedanken möchte ich mich an dieser Stelle bei all denjenigen, die in diesem Buch zu Wort kommen werden, für die Ehrlichkeit, mit der sie sich zu einem Thema geäußert haben, das sonst in den Tiefen der Privatsphäre begraben liegt.

Dieses Buch in der Reihe MANN? In Anbetracht der unbestreitbaren Tatsache, daß die meisten Männer-Bücher ohnehin zumeist von Frauen gelesen werden, während es sich im umgekehrten Fall keineswegs ähnlich verhält, kann ich nur hoffen, auf diesem Weg wenigstens einige Männer zu erreichen. Daß sie mich möglicherweise am Ende als frustrierte Emanze abtun werden, ist das Restrisiko, das ich dabei eingehen muß.

Sexualität ist immer ein spannendes Thema. Erstens kann fast jeder auf Grund eigener Erfahrungen mitreden, zweitens ist es immer noch tabuisiert, obgleich noch nie so viel und offen über Sex geredet wurde wie in unserer Generation. Natürlich können wir über Sex sprechen, was ist denn schon dabei? Bleibt die Frage, warum wir es nicht tun.

*Sex ist die schönste Sache der Welt... nur fliegen ist schöner... Windsurfers do it standing up* sind Sprüche, die auch durch häufige Verwendung und Benutzung auf Buttons, Autoaufklebern, auf Klowände gesprüht oder als Quintessenz von Artikeln moderner Szenezeitschriften nicht wahrer werden. Die Interviews mit Frauen und Männern in diesem Buch sprechen Bände. Die Frage, der ich in diesem Zusammenhang nachzugehen versuche, ist, *warum* Frauen sich so «unterwürfig» verhalten und wie beide Geschlechter in konkreten Situationen damit (nicht) umgehen. Ein wichtiger Aspekt dabei ist die Erziehung des Mädchens zur Frau, auf die ich im folgenden kurz eingehen möchte. Wenn ich von der These ausgehe, daß es etwas mit der Erziehung zu tun hat, wenn Frauen ja sagen, obwohl sie nein meinen, so bedeutet dies jedoch keinesfalls, daß wir in dieser Verknüpfung unausweichlich gefangen seien. Doch sind diese Fesseln zweifellos nur mit Hilfe extremer persönlicher Kraftanstrengung zu sprengen. Eine Chance liegt darin, daß persönliche Entwicklung nicht mit der Kindheit aufhört, darin, daß jede Frau und jeder Mann nicht nur Schnittpunkt der gesellschaftlichen Bedingungen ist, sondern immer auch deren Subjekt. Nur wir selbst können diese Verhältnisse und mit ihnen auch uns verändern. In diesem Sinn möchte das vorliegende Buch wenigstens einige Gedankenanstöße liefern.

# Back
   to the Roots

Sind wir wirklich die geworden, vor denen uns unsere Eltern schon immer gewarnt haben? Wohl kaum, eher noch werden sie ihre helle Freude an uns haben. Seit Bhagwan, dem Therapieboom und der erstarkenden Frauenbewegung wird immerhin erwartet, daß wir uns mit unseren Wurzeln auseinandersetzen und die fünfundzwanzig oder dreißig Jahre, die hinter uns liegen, reflektieren, analysieren und in einen gesamtgesellschaftlichen Zusammenhang stellen. Begriffe wie Kindheit, Pubertät und Adoleszenz sind Allgemeingut geworden, so daß man Gesprächen über Kindheitstraumata, postpubertäre Schwierigkeiten und ähnliche Themen heutzutage schon in der Kneipe lauschen kann.

## Weibliche Sozialisation in Theorie…

Sozialisation bezeichnet den Prozeß des Individuums, eine gesellschaftlich handlungsfähige Persönlichkeit zu werden, und die dazu notwendige Einordnung des einzelnen in die Gemeinschaft.

Dieser Prozeß, der mit dem ersten Atemzug beginnt und mit dem letzten endet, verläuft zwar individuell, ist aber von den für die Gesellschaft gültigen Normen, Werten und Traditionen geprägt. Das Geschlecht ist dabei ein wesentlicher Faktor der Unterscheidung.

Die *primäre Sozialisation* (bis etwa zum fünften Lebensjahr) findet in der Familie statt. Das Kind erlernt die in Familie und Gesellschaft geltenden Normen und verinnerlicht sie. Hier erwirbt das Kind seine Geschlechterrolle, eignet sich die wesentlichen Züge seines moralischen Bewußtseins und seiner Leistungsmotivation an. In dieser Phase siedelt Freud seine Theorien des Ödipuskomplexes und des Penisneides an: *Das Mädchen entdeckt, daß es keinen Penis hat, fühlt sich kastriert. Sie empfindet diese Kastration als Strafe für Onanie und als Entwertung der Weiblichkeit. Das Mädchen macht ihre Mutter für die Penislosigkeit verantwortlich, verachtet sie, da sie sie als ebenso minderwertig empfindet wie sich selbst, und wendet sich von ihr ab.*

*Nun tritt das Mädchen mit der Hinwendung zum Vater in die ödipale Phase ein. Sie wechselt das Liebesobjekt vom gleichgeschlechtlichen zum gegengeschlechtlichen Elternteil. Dieser Wechsel führt gleichzeitig zur Identifikation mit der Mutter, da das Mädchen seiner Mutter ähnlicher wird, um vom Vater geliebt zu werden.*

*In dieser Entwicklung werden noch zwei weitere Grundsteine für das traditionelle Rollenverhalten der Frau gelegt. Erstens die Eitelkeit, die entsteht, um die Attraktivität der eigenen sexuellen Reize aufzuwerten, und zweitens das Schamgefühl. Es dient dazu, den «Defekt» des weiblichen Geschlechts zu verdecken.*

Die Annahme, die Kindheit sei die schönste und unbeschwerteste Zeit im Leben, ist also unzutreffend. Auch wenn diese Theorien inzwischen in Frage gestellt worden sind, so spukt doch gerade der Penisneid noch in manchen Köpfen herum. Einleuchtender als diese Theorie erscheint jedoch die Annahme, daß ein kleines Mädchen nicht auf den Penis selbst neidisch ist, sondern vielmehr auf die Privilegien, die für den Jungen mit seiner Geschlechtszugehörigkeit verbunden sind. Schon mit etwa fünf Jahren hat das Kind seine Geschlechtsrolle erworben.

In der *sekundären Sozialisation* lernt der Mensch sein ganzes Leben lang neues soziales Rollenverhalten hinzu. Die Familie verliert ihre Bedeutung als einzige Sozialisationsinstanz. Nun muß sich das Kind zum erstenmal von seinen Eltern trennen, es muß selbständig werden, sich orientieren. Das Kind lernt zu vergleichen: «Wie sind die Eltern im Gegensatz zu anderen Erwachsenen?» Es beginnt, sich mit anderen Personen, zum Beispiel Lehrern und Freunden, zu identifizieren. Jugendliche müssen sich mit veränderten körperlichen Proportionen, sexuellen Impulsen und der ersten Periode beziehungsweise dem ersten Samenerguß auseinandersetzen. Ihre sexuelle Identität suchen sie dabei ebenfalls häufig in der Gruppe. Sie tauschen Erfahrungen aus, ritualisieren bestimmte Abläufe wie zum Beispiel «die Anmache» und sanktionieren Abweichungen von der Gruppennorm.

Jugendliche müssen in dieser Zeit die Unabhängigkeit von der elterlichen Gewalt und Aufsicht erlangen. Der Schauplatz der Konflikte verlagert sich wieder mehr in die Familie hinein, es entsteht eine Ambivalenz zwischen Unabhängigkeit und Geborgenheit. Es findet aber auch eine Abgrenzung von den Eltern und allgemein von der Welt der Erwachsenen statt. In dieser Phase suchen Jugendliche Hilfe von außen. Die Gruppenidentität des Freundeskreises erleichtert die Ablösung vom Elternhaus.

Gleichzeitig beschäftigt sich der Jugendliche intensiv mit sich selbst. Wird dieser Prozeß zu problematisch, dient ihm die Clique als fester Rückzugsort.

Erste Erfahrungen mit dem anderen Geschlecht werden gesammelt: «miteinander gehen», den anderen und den eigenen Körper kennenlernen, Petting, häufig der erste Coitus, längere Beziehungen. Für Mädchen entsteht oft das zusätzliche Problem, daß sich der Vater plötzlich von ihnen zurückzieht, aus Angst, von seiner Tochter sexuell angezogen zu werden – ganz abgesehen von den zahlreichen Fällen, in denen Väter ihre sexuellen Gelüste an der Tochter ausleben, sie mißbrauchen und vergewaltigen.

Nach Erikson lernt der Jugendliche in der späten Adoleszenz, der Zeit nach Beendigung der Pubertät, *Intimität und Distanzierung gegen Selbstbezogenheit*. Mit Intimität ist hier die Fähigkeit gemeint, eine Vertrautheit zu sich, zu anderen Personen und dem geliebten Partner aufzubauen. Unter Distanzierung versteht Erikson *die Bereitschaft, Einflüsse und Menschen von sich fernzuhalten, zu isolieren und, falls notwendig, zu zerstören, die einem für das eigene Wesen gefährlich erscheinen.*


## ... und Praxis

Um herauszufinden, warum Frauen so oft ja sagen, wenn sie nein meinen, muß man die spezifisch *weibliche* Sozialisation eingehender beleuchten, denn die biologischen Unterschiede allein können weder die unterschiedlichen weiblichen und männlichen Verhaltensweisen erklären noch den Umstand, daß Frauen in unserer Gesellschaft immer noch als das andere, das schwächere, das zweite Geschlecht angesehen werden und der Mann die Norm darstellt. Mädchen und Jungen wurden und werden unterschiedlich erzogen und von Kindheit an auf ihre spätere Rolle als Frau oder Mann vorbereitet.

Die Eisenbahn meines Bruders war das Territorium der Männer. Ich durfte zwar ab und zu die Züge fahren lassen, aber für die Technik des Weichenverlegens war ich entweder noch zu klein oder nicht schlau genug, denn Technik ist eine Männerdomäne. Ebenso schaute mein Bruder verächtlich auf meine Kaufladen- oder Puppenspiele herab, denn das war «Weiberkram». Ich durfte zwar manchmal mit seinen Autos spielen, besaß aber keine eigenen. Wenn meine Mutter uns auch beide zur Hilfe im Haushalt anhielt, so war ich es doch, als Mädchen und zukünftige Hausfrau, die vom Tisch aufstehen mußte, wenn etwas fehlte. Im Kindergarten war die Situation ähnlich: wir Mädchen spielten andere Spiele als die Jungen.

Weder ist mein Bruder Eisenbahnschaffner noch bin ich «Nur-Hausfrau» geworden. Aber obwohl er inzwischen besser kochen kann als ich, bin immer noch ich diejenige, die bei Besuchen im Elternhaus in der Küche hilft, während die Männer sich die Wartezeit bis zum Mittagessen mit einem kleinen Plausch vertreiben. Mädchen wird vermittelt, daß sie weniger Wichtiges zu tun und zu sagen haben und schließlich in dieser Welt weniger wert seien als Jungen.

## Jungen sind mehr wert

Die erste Frage nach der Geburt eines Kindes: Ist es ein Junge oder ein Mädchen? Von diesem Moment an wird das Kind geschlechtsspezifisch behandelt. Weibliche Babies werden überwiegend als hübsch, niedlich und zart, als schwächer und ihren Müttern ähnlicher beschrieben, während die Jungen als robust, kräftig und widerstandsfähig gelten. Obwohl sich Kinder bis zum zweiten Lebensjahr in ihrer Entwicklung und ihrem Verhalten kaum nach dem Geschlecht unterscheiden, werden sie schon als Säuglinge unterschiedlich behandelt. Untersuchungen über Geschlechtsrollenzuweisung, Stillverhalten und die Interaktion zwischen Müttern und Kindern kommen zu dem Ergebnis, daß Mädchen von vornherein weniger Autonomie zugestanden wird. Sie haben sich beim Stillen eher den Bedürfnissen der Mutter anzupassen, ihr Bewegungsdrang und ihre Fähigkeit zur Wahrnehmung wird weniger gefördert als die des Jungen.

Die offensichtlichsten Unterschiede machen Eltern bei der Wahl des Spielzeugs. Amerikanische Wissenschaftler und Wissenschaftlerinnen, Vorreiter auf diesem Gebiet, fanden beispielsweise bei Beobachtungen von Zweijährigen in einer Kindertagesstätte heraus, daß Mädchen lieber Bücher anschauten und malten, Geschichten zuhörten und den Erziehern halfen als die Jungen, die es vorzogen, mit beweglichem Spielzeug zu spielen, zu bauen und ähnliches. Wir sehen diese

Aktivitäten als typisch für das jeweilige Geschlecht an. Beide Lernbereiche, sowohl die bildliche als auch die gestalterische Umsetzung der Phantasie und des Erlebten, sind wichtig für die Entwicklung des Kindes. Eine Festlegung auf eine bestimmte Spielzeugart, beim Mädchen auf Puppen und Gegenstände, die mit dem Haushalt zu tun haben, und beim Jungen auf technische Geräte wie Autos und Eisenbahn, führt in den meisten Fällen dazu, daß das Mädchen mit der Technik Schwierigkeiten hat oder nur ein spärliches Interesse daran entwickelt, während der Junge die Haushaltsführung nur mangelhaft beherrscht, womit die klassische Rollenteilung im Erwachsenenalter vorprogrammiert ist.

Auf die Frage, wie es zu dem unterschiedlichen Spielverhalten kommt, gibt es viele Antworten: Das Spielinteresse des Kindes wird durch Erwachsene kanalisiert, die das Spielzeug, das sie angemessen finden, zur Verfügung stellen. Ein Grund für die Wahl des Spielzeugs durch das Kind selbst ist die Reaktion der Umwelt. Durch Anerkennung oder Ablehnung begreift das Kind sehr bald, welche Spielzeuge die *richtigen* sind und wie es damit umgehen muß. Elena Belotti verdeutlicht diesen Sachverhalt anhand des *Puppenwiegen-Reflexes*. Bekommt ein Mädchen eine Puppe, so wird ihr gleichzeitig vermittelt, wie sie sie zu halten hat. Das Mädchen verinnerlicht diese Instruktion durch die Anerkennung, die sie von den Erwachsenen für dieses Verhalten erhält, und wird mit der Zeit jede Puppe in den Armen wiegen. Im Gegensatz dazu klemmen Jungen, wenn sie eine Puppe bekommen, diese häufig unter den Arm oder halten sie am Kopf fest.

Die Bedeutung des kindlichen Spiels für den weiteren Lebensverlauf ist enorm groß, da das Kind spielerisch auf das Leben als Erwachsener und damit auch auf seine typische Geschlechtsrolle vorbereitet wird: das Mädchen auf Haushalt und Kinder, der Junge auf den Beruf. Die berufsbezogenen Spielmöglichkeiten, die dem Mädchen zur Verfügung stehen, erschöpfen sich meist in einer Krankenschwester- (nicht

# Mein kleines Baby!
# Zum Liebhaben und Schmusen.

**99,**

**Komplett**
**39,95**

# Schnelle Rennbahnen für schnelle Rennfahrer!

Autorennbahn „2002 L"
mit Doppellooping, 2 Runden-
zählern und 2 Autos mit Schein-
werfern.
DM **79,–**

**79,**

**89,**

Ärztinnen-)Ausrüstung, einem Kaufladen und einer Tafel, mit deren Hilfe sie als Lehrerin ihre Puppen unterrichten kann. Hinzu kommen vielleicht noch aus dem eigenen Erfahrungsbereich Spiele als Friseuse oder Schuhverkäuferin. Kriegsspielzeug – ohnehin nicht mehr gerne gesehen – wird man kaum in den zarten Händchen eines Mädchens finden, bieten die Armeen winziger Plastiksoldaten doch auch wenig Identifikationsmöglichkeiten an.

Die Eltern projizieren ihr Bild von dem, wie ein kleines Mädchen oder ein kleiner Junge zu sein hat, auf ihre Kinder und fördern oder beschränken sie dementsprechend. So wird zum Beispiel dem Jungen verboten, sich Mädchenkleidung anzuziehen, aus Angst, er könnte schwul werden. Andererseits beginnt das Mädchen, sich mit der Mutter zu identifizieren und sie nachzuahmen. Hat sie ihre Geschlechterrolle (an-)erkannt, bewertet sie die Objekte und Aktivitäten, die zu ihrem Geschlecht gehören, als positiv. Dieselben Mechanismen wirken mit entsprechend verändertem Vorzeichen bei der männlichen Sozialisation auf den Jungen ein.

## Die Welt der Barbie

Die Bedeutung dieser perfekten Nachbildung eines Pin-up-Girls, welches seit nunmehr einem Vierteljahrhundert die Mädchenzimmer rund um die Welt bevölkert, geht weit über die einer normalen Anziehpuppe hinaus. Dienen andere Puppen dazu, mütterliches Verhalten einzuüben oder nicht vorhandene Geschwister zu ersetzen, besticht Barbie durch ihr makelloses Aussehen, ihre langen Beine und einen überproportionierten Busen. Neben Frisier- und Kleidungsmöglichkeiten (inzwischen gibt es sogar eine Haute-Couture-Serie) bietet sie Anreize für zahllose sexuelle Phantasien.

Als mein Bruder mir zum Geburtstag eine selbstgebastelte

Bar für meine Barbiepuppen schenkte, war die Illusion perfekt. Von nun an ging Barbie ihrer Arbeit als Bardame nach. Ich nähte ihr kleine durchsichtige «Nichts», und es war klar, daß sie darin die imaginären Männer nicht nur zum Trinken animieren sollte. Mein Vater prägte den Begriff *Plastiknutten* und traf damit den Nagel auf den Kopf. Obwohl ich natürlich noch nie eine Prostituierte gesehen hatte und auch nicht wußte, wie und was sie macht, spielte von nun an Sex die Hauptrolle im Leben meiner Barbie.

Der (nicht nur) amerikanische Traum von unvergänglicher Jugend und Schönheit, den diese kleine Plastikpuppe verkörpert, vermittelt noch ein weiteres Lernziel, nämlich, wie eine Frau aussehen muß, um geliebt und begehrt zu werden.

Aber auch andere wichtige Tätigkeiten, die Frauen können müssen, lassen sich spielerisch mit Barbie einüben. Das passend zur Puppe erscheinende *Barbie-Journal* preist die «Vielfältigkeit» dieser Spielidee in den höchsten Tönen: *Liebe Eltern. Ein bißchen Geschicklichkeit läßt sich mit «Meiner ersten Barbie» schnell erwerben. Zum Beispiel beim An- und Ausziehen der hübschen Kleider. Oder auch beim Spielen mit dem interessanten Zubehör. Zum Beispiel der Herd mit dem Geschirr aus der «Meine erste Barbie»-Welt. Ideale Fingerübungen für kleine Hände . . . Was kleine Mädchen schon ein wenig kennen, können sie in der kleinen Welt von Barbie erforschen und noch besser kennenlernen. Zum Beispiel einen Kleiderschrank: Kleider auf Bügel hängen, Kleinigkeiten in Schubladen packen, die Schuhe ins Schuhfach – hier macht das Aufräumen Spaß. Auch bei der Frisierkommode gibt's allerlei zu üben. . . . Bei «Meine erste Barbie» ist aber auch Kochen und Essen ein lehrreiches Thema. Wie ein Tisch hübsch gedeckt wird, läßt sich gerade hier prima üben. . . . Zum Küchenschrank gibt's viele Küchenutensilien dazu, und der moderne Mikrowellenherd bietet alles, was selbst das Herz einer ganz kleinen Hausfrau begehrt.*

Abgesehen von Tieren, einem Ferrari und einem Swimmingpool, spielt sich Barbies Leben hauptsächlich zwischen Bett, Kleiderschrank und der unvermeidlichen Frisierkommode ab. Wenn es auch als nahezu revolutionär zu bezeichnen ist, daß Barbie inzwischen ein Büro hat, also auch die Arbeitswelt ins Spiel kommt, so endet doch dieser Fortschritt schon bei der untergeordneten Tätigkeit einer Sekretärin. Vielfältig bleiben da allein die zahllosen An- und Ausziehmöglichkeiten, denn die Puppe selber, zwar durch allerhand Gelenke zu den tollkühnsten Verrenkungen fähig, kann weder auf eigenen Füßen stehen, noch kriegt sie nachts die Augen zu. Doch die Verkaufszahlen und die weltweite Verbreitung der Barbiepuppe bestärken die Herstellerfirma Mattel, immer neue Varianten der ewig gleichen Figur auf den Markt zu bringen, *alles zusammen hübsch und praktisch verpackt im rosa Köfferchen. Kein kleines Mädchen, das sich über eine solche Überraschung nicht freuen würde.*

## Der pfiffige Peter und die fade Anna

Nicht nur die Eltern, sondern auch die Medien wirken massiv auf Kinder ein. Die meisten Bilder- und Kinderbücher vermitteln noch immer ein eindeutiges Bild von der jeweiligen Geschlechterrolle.

Astrid Matthiae untersuchte in ihrer Studie *Vom pfiffigen Peter und der faden Anna* etwa 2700 auf dem Markt befindliche deutschsprachige Bilderbücher, von denen nur knapp achtzig die gängigen Rollenklischees durchbrachen. Nur ein Viertel der Hauptpersonen sind Mädchen, dagegen sind sie zu zwei Dritteln in Nebenrollen zu finden, und sie sind *in einer Weise dargestellt, die selbst hinter die auch nicht gerade rosige Wirklichkeit für Mädchen und Frauen oft noch zurückfällt.* Berufstätige Frauen kommen kaum vor, und wenn, so handelt es sich meist um Lehrerinnen, Krankenschwestern, Bäuerinnen oder Marktfrauen. Die Mädchen sind passiv, dumm, ängstlich und ungeschickt. Wenn sie einmal die Hauptrolle in einem Buch spielen, wird dabei häufig eine Moral vermittelt, die an das gängige Klischee vom braven Mädchen anknüpft.

Janosch, einer der bekanntesten und erfolgreichsten deutschsprachigen Kinderbuchautoren, bringt es in seinen rund hundert Büchern auf ganze sechs weibliche Hauptpersonen, die sich aber auch nicht als Identifikationsobjekte eignen. Sein Rollenbild, und wohl auch das vieler anderer Autoren, wird in seinem *Kinder-ABC* deutlich:

| | |
|---|---|
| *Was Anton kann* | *Was Adele kann* |
| *Boxen* | *Blümchen pflücken* |
| *Drachen bauen* | *Ganz dumm einen Knicks machen* |
| *Kirschen klauen* | *Kirschen essen* |
| *Wache halten* | *Weinen und weinen und weinen* |

Auch Bücher, in denen Tiere agieren, sind keineswegs neutral. Oft wird das Geschlecht dieser Tiere durch eindeutige Attribute wie Kopftücher, Hüte oder Kleider (in Rot und Blau) festgelegt. Die Rollenverteilung, zum Beispiel in einer Hasenfamilie, ist oft noch krasser als die, mit der das kleine Mädchen aufwächst. Die Hasenmutter kocht, der Hasenvater geht arbeiten, die Hasenjungen sind frech, während die Hasenmädchen viel Wert auf ihr Äußeres legen und miteinander spielen oder im Hasenhaushalt helfen. Was das Mädchen aus diesen Bilderbüchern als Identifikationsmöglichkeiten und Lebensperspektive herauslesen kann, ist dürftig und im Grunde entmutigend.

In den Märchen der Brüder Grimm werden achtzig Prozent der Negativfiguren von Frauen verkörpert. Dem üblichen Bild der schwachen, abhängigen, auf ihre Schönheit bedachten Frau wird hier noch das der bösen Hexe oder der gefühllosen Mutter beigefügt. So werden Hänsel und Gretel von einer bösen Stiefmutter verstoßen und geraten an eine menschenfressende Hexe. Auch Aschenbrödel wird von ihren Stiefschwestern und ihrer Stiefmutter unterdrückt; sie klagt zwar über ihr Leid, ist aber nicht fähig, aus eigener Kraft etwas daran zu ändern. Zum Glück gibt es da den Märchenprinzen, der sie von ihrem Schicksal erlöst. Diese Reihe ließe sich mit Rotkäppchen, Rapunzel, Schneewittchen und vielen anderen endlos fortsetzen.

Geht man davon aus, daß sich das Kind etwa ab dem zweiten Lebensjahr als Mädchen oder Junge wahrnimmt, so kann man annehmen, daß das Mädchen sehr wohl in der Lage ist, sich den weiblichen Personen in den Büchern zuzuordnen. Matthiae schreibt: *Kinder begeben sich auch beim Lesen und Betrachten von Bilderbüchern immer wieder auf die Suche nach Personen, mit denen sie sich direkt identifizieren können. ‹Und das bin ich›, heißt es dann stolz, wenn sie eine/n gefunden haben, die/der ihren Vorstellungen entspricht. Mädchen gehen bei dieser Suche meist leer aus.*


## Schein und Sein – Ein Kinderspiel

Die kindliche Phantasie, geprägt durch Eltern, Medien und die übrige Umwelt, bezieht ihren Stoff aus der erfahrbaren Realität, wobei deren negative Seiten ausgeklammert werden. Als Beispiel soll hier noch einmal die Prinzessin dienen. Sie lebt in einem Schloß, ist hübsch und freundlich und wartet mit Geduld auf den Märchenprinzen. Das Mädchen träumt sich in eine Phantasiewelt, die von außen geprägt ist. Sie erlebt zu Hause, welche Aufgaben und Rollen der Mutter zugeschrieben sind. Die negative Seite wird im Spiel ersetzt. Zum Beispiel durch ein schönes Schloß, in dem es Dienstboten gibt, die alle unangenehmen Arbeiten erledigen. Eine Prinzessin muß weder den Tisch decken noch abwaschen. Sie kann sich ganz ihrer Garderobe und ihrer Schönheit widmen.

Kommt dann der Prinz, der natürlich jung, schön, reich und freundlich ist, erfüllt sich ihre Sehnsucht nach dem Lebensglück. Anhand dieses Spielverhaltens wird deutlich, wie klar das Mädchen von klein auf erkennt, welche Rolle ihr im Leben zugedacht ist. Die Eltern, die sie zum Karneval ihrem eigenen Wunsch entsprechend als Prinzessin verkleiden, unterstützen und belohnen diesen Lernprozeß. *Man behandelt sie als lebendige Puppe und verweigert ihr die Freiheit. So schließt sich ein Circulus vitiosus. Denn je weniger sie ihre Freiheit ausübt, um die Welt ihrer Umgebung zu verstehen, zu ergreifen und zu entdecken, um so weniger wird sie sich selbst als Subjekt zu behaupten wagen.* (S. de Beauvoir)

## Muttertöchter

Eine besondere Rolle in der weiblichen Sozialisation spielt die Mutter, die im Regelfall die Haupterziehende und damit die intensivste Bezugsperson ist. Selbstanalysen wie die von Nancy Friday mit dem Titel *Wie meine Mutter* sowie unzählige psychoanalytische Studien und Theorien spiegeln die Bedeutung, die dieser Beziehung zugesprochen wird, wider. Gerade die Psychoanalyse bietet eine Fülle von Interpretationen und Deutungen, die ihren traurigen Höhepunkt in dem Ausspruch *Das Vermächtnis der Mütter ist die Kapitulation* finden. Anfänglich empfindet das Kind die Mutter als übermächtig. Das Kind beiderlei Geschlechts entwickelt Neid und Haß auf die Versorgungsfähigkeit der Mutter, da es seine völlige Abhängigkeit von der Mutter spürt. Erst durch die Hinwendung zum Vater lernt das Kind, genauer zwischen sich und der Mutter zu unterscheiden, da es nun unterschiedliche Beziehungen zu zwei verschiedenen Personen hat.

Das Mädchen wird in seinen Autonomiebestrebungen gebremst. Die deutlichste Sanktion ist das Masturbationsverbot, das bei Mädchen wesentlich rigider durchgesetzt wird als bei Jungen. Daß nur 68 Prozent der Mädchen gegenüber 97 Prozent aller Jungen masturbieren, ist also nicht verwunderlich. Das Mädchen lernt von Kindheit an, daß es als Frau ein Mensch zweiter Klasse ist. Betrachtet man die Beziehung zwischen Tochter und Mutter, erscheint diese Entwicklung unumgänglich. Die Gesellschaft sieht in der Mutter einerseits die Alleinverantwortliche für den Werdegang des Kindes. Von der Mutter werden plötzlich männliche Eigenschaften erwartet: Sie soll dem Kind Selbstbewußtsein und eigene Lebensinhalte vorleben, damit dieses lernt, was einen erwachsenen Menschen ausmacht. Andererseits muß sich die Mutter aber auch ständig gegenüber einer kinderfeindlichen Umwelt durchsetzen, gleichzeitig wird sie durch das Kind von der Gesellschaft ausgeschlossen. Sie ist ans Haus gebunden und soll dort in ihrem Mutterglück aufgehen.

Das Verhalten der Mutter gegenüber dem Kind ist meist sehr weitgehend durch ihre eigenen Erfahrungen geprägt. Sie kann sich nicht plötzlich aus ihrer eigenen Unterdrückung befreien und ihrer Tochter eine andere Wirklichkeit vormachen.

Selbst wenn sie dazu in der Lage wäre, würde das Bild in dem Moment, in dem sich das Kind nach außen orientiert, zerstört werden. Indem sich die Tochter nach den ersten Autonomiebestrebungen und der Hinwendung zum Vater wieder der Mutter zuwendet und sich mit ihr zu identifizieren beginnt, gibt sie unbewußt ihr Einverständnis zu der vorgeschriebenen Rolle als Frau.

Das Mädchen wächst in einer Atmosphäre auf, die nur die Identifikationsmöglichkeit mit der gesellschaftlich anerkannten Rolle der Frau offenläßt. Sie erkennt, daß sie im Vergleich zum Jungen eine minderwertige Position hat. Ihre Ideale beschränken sich auf Äußerlichkeiten und emotionale Werte statt auf Intelligenz und Durchsetzungsvermögen.

Und das ist nur die eine Seite der Medaille. Ebenso werden Jungen zwar mit einer anderen Intention, aber mit der gleichen Hartnäckigkeit geschlechtsspezifisch erzogen.

## Wer hat Angst vorm «schwarzen Mann»?

Während der Junge langsam auf die Kavaliers- und Beschützerrolle vorbereitet wird, bringt man dem Mädchen systematisch bei, daß sie vor (einigen) Männern Angst haben muß. Sie wird diese Angst lebenslang behalten und sich zwangsläufig als schwächer einschätzen.

Ich selbst fürchtete mich als Kind nicht von vornherein vor fremden Männern, aber nach eindringlichen Warnungen meiner Eltern übertrug sich deren Angst auf mich. Damals begriff ich nicht, warum ich die wenigen Meter von der Bushaltestelle nicht alleine nach Hause gehen durfte, und ärgerte mich über meine Abhängigkeit von meinem jeweiligen «Abholer». Bei meiner ersten Begegnung mit einem Exhibitionisten fürchtete ich um mein Leben, denn die verschleierten Warnungen gaben keine Auskunft, wovor ich Angst haben müßte. Daß es etwas mit Sexualität zu tun hatte, konnte ich nur ahnen. So erzählte ich auch zu Hause aus Scham nichts von meinen Erlebnissen. Inzwischen habe ich die Angst, erzeugt durch Erziehung, durch die real existierende Gefahr und die eigenen Erlebnisse, verinnerlicht. Ich muß mich oft überwinden, meine eigenen Wege zu gehen. Auch wenn mich die Angst vor einer Vergewaltigung nicht auf Schritt und Tritt verfolgt, so kommt sie doch immer wieder hoch, wenn ich nachts Schritte hinter mir höre, mir ein Mann begegnet oder ein Auto plötzlich langsamer fährt. Bei der Begegnung mit einer Gruppe von Männern wechsle ich, ohne nachzudenken, die Straßenseite; auf dem nächtlichen Nachhauseweg wähle ich automatisch den Umweg durch die hellerleuchtete Straße oder gehe quer über die Kreuzung, statt die Unterführung zu benutzen. Von Selbstsicherheit ist dabei nicht mehr viel zu merken. Vielleicht sähe mein Verhalten anders aus, wenn ich mit dem Gefühl groß geworden wäre, daß ich ein Recht auf Selbstbestimmung habe und mich wehren kann.

*Das Mädchen als potentielles Sexualopfer kann in einer Atmosphäre aufwachsen, die charakterisiert ist durch Erziehung zur Angst, speziell zur Angst vor diffus beschriebenen, beängstigenden sexuellen Ereignissen. Dabei wird die Gefahr sexueller Angriffe durch die Erwachsenen, die Medien und sogar durch präventive Aktionen häufig dramatisiert. Beim weiblichen Kind kann durch eine derartige Einflußnahme der Eindruck entstehen, bei Dunkelheit, im Wald, in der Stadt, von fremden Menschen, von Exhibitionisten drohe permanente Gefahr, gar Lebensgefahr.* (Michael C. Baurmann) Das Mädchen befindet sich in einem Dilemma: Auf der einen Seite steht die Erziehung zur Angst, auf der anderen die zur Höflichkeit gegenüber Erwachsenen und zur Weiblichkeit, die ein selbstbestimmtes Auftreten und die Fähigkeit, sich körperlich zur Wehr zu setzen, ausschließt. Wie soll es da möglich sein, sich gegen sexuelle Belästigungen zu wehren?

Auch die Tabuisierung von Sexualdelikten und -kontakten können dem Kind schaden. So werden sexuelle Übergriffe von Verwandten und Bekannten oft verschwiegen. Die Eltern, die ihrer Tochter nicht glauben, oder die Mutter, die dazu schweigt, daß ihr Mann die Kinder sexuell mißbraucht, machen sich mitschuldig.

Andererseits kann auch eine übertriebene Reaktion der Eltern auf einen harmlosen sexuellen Kontakt zu sekundären Schädigungen führen. Das Kind, das sich selbst nicht als Opfer sieht, wird dazu gemacht. Dabei wird die Möglichkeit, daß ein Kind sexuelle Lust beim Schmusen oder der Berührung durch einen Erwachsenen erfahren könnte, verdrängt.

Alfred Kinsey meinte schon 1954 zu diesem Thema: *Es ist*

*schwer zu verstehen, warum ein Kind darüber verstört sein sollte, daß man seine Genitalien berührt oder daß es die Genitalien anderer Personen zu sehen bekommt, und sogar, daß es durch spezifisch sexuelle Akte verstört sein sollte – es sei denn auf Grund seiner kulturellen Prägung.* Kindern wird keine eigene Sexualität zugestanden, was sich deutlich an dem Verbot der Masturbation oder der Doktorspiele zeigt. Oft werden sie aus Unfähigkeit der Eltern nicht einmal aufgeklärt.

Mehrere Filme zum Thema «böser Onkel» sind als Beitrag zur Sexualerziehung gedacht. Doch die eigentliche sexuelle Handlung wird darin nicht gezeigt. Diese ist auch im («Aufklärungs-»)Film tabu, genau wie bei den elterlichen Warnungen, die ausgesprochen, aber nicht konkretisiert werden. Die Schizophrenie zwischen der Tabuisierung der Sexualität einerseits und der Warnung vor drohenden Gefahren andererseits löst beim Kind häufig Angst und Unverständnis aus. Es assoziiert Sexualität mit etwas Schmutzigem, Fremdbestimmtem und Schmerzhaftem; dies kann in der weiteren Entwicklung zu Schuld- und Schamgefühlen führen, die nicht ohne Folgen für das spätere Sexualleben bleiben. Die Angst der Eltern vor der Sexualität und ihr eigener oft schamhafter, verklemmter Umgang damit erzeugen diese Einstellung.

## Schrei leise!

Im krassen Gegensatz zu der Empörung, die Sexualstraftaten an Kindern auslösen, stehen die Reaktionen auf eine Vergewaltigung. Aus dem Handbuch *Unser Körper – unser Leben: Als «echte Vergewaltigung» gilt nur, wenn in einem finsteren Park ein Mann hinter einem Gebüsch auftaucht und sich auf eine «unschuldige Frau» stürzt; oder wenn die Frau grün und blau geschlagen wurde oder gar tot ist. Und auch dann stellt sich noch die Frage, was denn eine «unschuldige Frau» alleine in der Nacht in einem Park tut.*

Vergewaltigung wird per Gesetz folgendermaßen definiert: *§ 177 StGB: Wer eine Frau mit Gewalt oder Drohung mit gegenwärtiger Gefahr für Leib oder Leben zum außerehelichen Beischlaf mit ihm oder einem Dritten nötigt, wird mit Freiheitsstrafe nicht unter zwei Jahren bestraft.*

Das Strafgesetzbuch wurde von Männern verfaßt, und so ist dies auch eine männliche Definition von Vergewaltigung. Ebenso sind Polizei und Justiz fest in Männerhand.

Viele Berichte darüber, wie Frauen bei Strafanzeigen und Gerichtsverhandlungen behandelt werden, sind schockierend und gleichzeitig entlarvend.

Auch die verlogene Scheinmoral der deutschen Fernsehnation, die die Wiederholung einer Folge der *Schwarzwaldklinik*, in der es um eine brutale Vergewaltigung ging, aus Gründen der Jugendgefährdung verhinderte, zeigt klar die Grenzen des Rechtsbewußtseins auf. Nicht die Darstellung des Gewaltaktes an der Frau, sondern allein die Rache, die das Opfer nimmt, indem sie den Täter mit einem Messerstich in den Unterleib kastriert, dürfte wohl der wahre Grund für die plötzlich ausbrechende Besorgnis um das Seelenheil der Jugend gewesen sein.

Vergewaltigung ist ein Verbrechen, das von Männern an Frauen verübt, von ihnen definiert und strafrechtlich (nicht) verfolgt wird. Die Leidtragenden sind Frauen, deren Angst vor einer möglichen Vergewaltigung sich einmal mehr als begründet erweist. Die geschätzten Zahlen schwanken zwischen neunzehn und neunzig Vergewaltigungen pro Tag in der BRD. Nicht gerechnet die hohe Dunkelziffer und die Vergewaltigung im Ehebett.

Rechnet man nun noch die «minder schweren» Fälle von sexueller Nötigung, die Anpöbeleien auf der Straße, die nichtgewollten Berührungen, Küsse und Umarmungen hinzu, erscheint es wirklich verwunderlich, daß Frauen sich noch auf die Straße, in fremde Wohnungen oder Autos trauen oder einen Mann zu sich nach Hause einladen.

Daß eine Vergewaltigung für die Frau schwere psychische Folgen hat, ist bekannt. Diese werden durch die Tat selbst und durch die diskriminierende Behandlung des Opfers durch Polizei, Justiz und Gesellschaft hervorgerufen. Die Frau sucht aber die Schuld auch häufig bei sich selbst: Hat sie die falschen Kleider getragen, sich auffällig benommen, warum hat sie sich gar nicht oder nicht ausreichend gewehrt? Die patriarchalische Gesellschaft vermittelt uns einerseits, daß Frauen mit Gewalt genommen werden wollen, andererseits, daß die Frau selbst schuld hat, wenn sie vergewaltigt wird. Die männliche Macht gründet sich unter anderem auf die Tatsache, daß es weitgehend gelungen ist, Frauen von der herrschenden männlichen Ideologie zu überzeugen und sie so zu mehr oder weniger willenlosen Opfern zu machen.

Spätestens an diesem Punkt muß die Kritik an der herkömmlichen Erziehung ansetzen. Dem Mädchen wird Angst gemacht, und gleichzeitig wird ihr eingeredet, sie habe keine Chance zur Gegenwehr. Um diese Defizite abzubauen, werden inzwischen in fast allen Städten Selbstverteidigungskurse für Frauen angeboten. So sinnvoll es ist, sich effektiv wehren zu können, so ist doch allein schon die Notwendigkeit, dies zu lernen oder sich mit Tränengas und Trillerpfeife bewaffnen zu müssen, ein Eingriff in die Persönlichkeit. Es ist keine freiwillige Entscheidung, sondern durch äußere Bedingungen erzwungen, da Frauen durch den Sozialisationsprozeß harmlos gemacht werden.

# Die schönste Sache der Welt

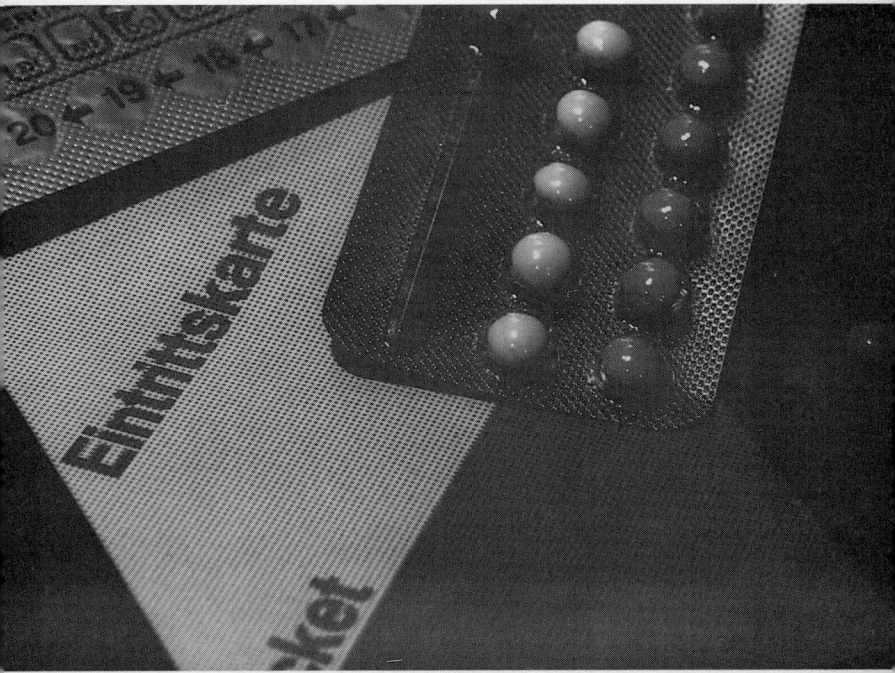

Sexualität – die zarteste Versuchung, seit es zwei Geschlechter gibt?

Versuchung ja, zart anscheinend nur in den selteneren Fällen. Der Sexualität wird eine ungeheure Bedeutung zugemessen. Diese hängt nicht zuletzt mit ihrer weitgehenden Tabuisierung im zwischenmenschlichen Bereich zusammen. Ähnlich, wie auf Kinder gerade das Verbotene einen besonderen Reiz ausübt, geht es auch erwachsenen Menschen, die in einer äußerst reizüberfluteten Gegenwart die Intimsphäre als letztes Abenteuer erfahren.

In einer Zeit, in der durch Aids die Vermarktung und Verfügbarkeit des käuflichen Sex an gesundheitliche Grenzen stößt, erhalten die eigenen vier Wände und der darin lebende und liebende Partner wieder einen höheren Stellenwert. Längst erheben sich allerorts Moralapostel, die die Immunschwäche als Strafe Gottes für die in den letzten Jahren eingerissene Freizügigkeit im sexuellen Bereich ansehen und das Öl, welches auf ihre Mühlen gegossen wird, Tropfen für Tropfen dankbar auffangen und gegen bestimmte unbequeme Randgruppen der Gesellschaft einsetzen. Gemeint sind Homosexuelle und in gewissem Maße auch die «wilden Ehen», die in den Augen der Allgemeinheit ihr beigefügtes Adjektiv durch die Zügellosigkeit ihrer Moral verdient haben. Doch wie und wann auch immer man seine Sexualität auslebt, ist diese ebenso durch persönliche Erfahrungen wie durch vorgegebene Normen und Spielregeln geprägt. Diese Grenzen zu überschreiten, erfordert sehr viel Phantasie und Kraft.

Der Begriff der Sexualität (Geschlechtlichkeit) umfaßt die *Gesamtheit der Lebensäußerungen, die auf dem Geschlechtstrieb, einem auf geschlechtliche Beziehung und Befriedigung gezielten Trieb beruhen . . . Die Sexualität des Menschen geht weit über das hinaus, was mit der Lust und den Aktivitäten in Abhängigkeit vom Funktionieren der Geschlechtsorgane sowie mit dem Verhalten, das zur Befruchtung führen kann, zusammenhängt.* (Meyers Lexikon)

Sexualität wird durch Normen reglementiert. Obwohl in der BRD seit Ende der sechziger Jahre ein Liberalisierungsprozeß der Sexualmoral eingesetzt hat, ist sie dennoch weitgehend ein Tabuthema geblieben. Die Zeitschriftenständer quellen zwar über von Magazinen mit nackten Frauen auf den Titelbildern, die Vermarktung ist perfekt, aber Gespräche über Sexualität finden, wenn überhaupt, nur im engsten Bekanntenkreis, in der Beziehung oder in Beratungsstellen statt. Durch die Frauenbewegung angeregt, setzen sich inzwischen immer mehr Frauen und Männer privat, in Selbsterfahrungsgruppen oder Seminaren mit ihrer Sexualität auseinander. Sie versuchen, die eigene Sexualität, losgelöst vom anderen Geschlecht, zu erforschen, kennenzulernen und sie sich und anderen näherzubringen. Wichtig dabei ist, daß wir uns die Sexualität bewußtmachen, die wir erlernt haben – die schmutzige, böse, schmerzhafte, die verklemmte, die heimliche, die mit schlechtem Gewissen gelebte, die erniedrigende, die mißachtete –, damit wir zu einer anderen finden können, wie sie Antje Kunstmann in ihrem Aufklärungsbuch für Mädchen beschreibt: *Sexualität ist die stärkste menschliche Empfindung; sie prägt ganz entscheidend deine Persönlichkeit. Sexualität hat mit Liebe zu tun, mit Lust. Sexualität zu erleben ist schön.*

# Verbotene Sexualität

*Die sexuelle Entwicklung ist ein sukzessiver Lernprozeß, der von Geburt an des äußeren Anstoßes im Sozialkontakt bedarf… Das heißt, ob einem Kind lustvolles Erleben des eigenen Körpers gestattet oder verboten wird, ob es für das Berühren seiner Geschlechtsorgane bestraft wird oder nicht, bestimmen im wesentlichen die Einstellung des Kindes und auch des Erwachsenen zu seinem Geschlecht, seiner Sexualität und seinem Körper.* (Haarbusch / Jochens)

Das erste und wesentliche Unterscheidungsmerkmal zwischen Jungen und Mädchen sind die äußeren Geschlechtsorgane. Während ein kleiner Pillermann oder ein kleines Pimmelchen durch seine niedliche und kosende Umschreibung anerkannt wird, ist es schwer vorstellbar, daß die Eltern liebevoll von Scheidchen oder – hier versagt schon der Wortschatz – ähnlichem sprechen. Allein anhand der Benennung der Geschlechtsorgane unterscheidet man ein *sich schämendes* und ein vorerst neutrales Geschlecht. Luise Pusch in ihrer Glosse *Scham und Schande: Die äußeren Geschlechtsteile der Frau (also unsere) heißen Scham (aha!) – mit folgenden Schamteilen: Schamhaar, Schamhügel, große Schamlippen, kleine Schamlippen. Für den Mann hörte das Schämen schon beim Schamhaar auf. Der Rest hieß nicht etwa Schamstengel und Schambeutel, sondern Glied und Hoden.*

Neben den lateinischen Begriffen Vagina, Klitoris und dem deutschen Wort Scheide werden dem weiblichen Geschlecht entweder abwertende Namen (vor allem in der Pubertät unter Gleichaltrigen, zum Beispiel *Votze* und *Loch*) gegeben, oder es findet der unbestimmte Ausdruck *da unten* Verwendung.

Gerade dieses *da unten* macht deutlich, in welcher Ungewißheit das Mädchen aufwächst. Da Theorien wie der des Penisneides und der Minderwertigkeit der Frau immer noch sehr viel Bedeutung zugemessen werden, erfährt das Mäd-

39

chen explizit an seinem Geschlechtsteil, daß sie weniger wert ist. *Da unten* befinden sich aber auch die Ausscheidungsorgane, die durch strenge Reinlichkeitserziehung ebenfalls mit Scham- und Ekelgefühlen besetzt sind. Das Kind hat kaum Möglichkeiten, seinen eigenen Körper zu erforschen und als positiv zu empfinden. Auf das Verbot, mit den Exkrementen zu spielen, folgt das Masturbationsverbot.

Daß Mädchen seltener onanieren als Jungen, hat sicher auch damit zu tun, daß ihr Lustorgan, die Klitoris, weder sichtbar vom Körper absteht noch in Abbildungen auftaucht. Doch ist gerade die Unterdrückung der Masturbation ein Grund dafür, warum Mädchen im Bereich der Sexualität ihre eigenen Bedürfnisse nicht kennenlernen können und weniger Selbständigkeit entwickeln. Obwohl kindliche Onanieerfahrungen allein nicht unbedingt hinreichend sind für eine erfüllte Sexualität, so könnte doch die positive Erfahrung, daß die eigenen sexuellen Bedürfnisse selbst auf lustvolle Weise befriedigt werden können, ein selbstbewußtes Handeln in späteren Beziehungen enorm fördern.

Statt dessen wird die kindliche Neugier in diesem Bereich in die Heimlichkeit abgedrängt. Das Kind begreift schnell, was es darf und was nicht. So finden die ersten Annäherungen, die Doktorspiele, an Orten statt, an denen sich das Kind vor Erwachsenen sicher fühlt. Dadurch lernt es gleichzeitig die für sein späteres Leben so wichtige Vertuschungstaktik.

Sexualität ist etwas Verbotenes oder zumindest etwas, das heimlich geschieht und worüber vor allem nicht gesprochen wird. Die einzige erlaubte Frage scheint die nach der Herkunft der Babies zu sein. Diese Frage ist oft Anlaß, das Kind sexuell aufzuklären, wobei die Erwachsenen sich jedoch meist auf den biologischen Vorgang von Befruchtung und Schwangerschaft beschränken. Immerhin ist wenigstens das Märchen vom Klapperstorch weitgehend aus dem Erziehungsrepertoire gestrichen. Nicht erwähnt wird meist, wie der eigentliche Geschlechtsverkehr ausgeübt wird, und daß Sexualität schön und lustvoll sein kann.

Es scheint, als sei die sexuelle Aufklärung das größte Erziehungsproblem überhaupt. So werden Kinder oft nur mangelhaft oder gar nicht aufgeklärt, erfahren lediglich von anderen Kindern deren bruchstückhaftes Wissen, machen vielleicht ihre ersten negativen Erfahrungen durch sexuelle Annäherung Erwachsener und bleiben auf die formale Aufklärung in der Schule angewiesen.

Zwar gab die Kultusministerkonferenz 1968 unter dem Druck der Studentenbewegung und der damit verbundenen sogenannten sexuellen Revolution ihre Empfehlungen zur Sexualerziehung in der Schule heraus, doch beschränkt sich die Sexualkunde bis heute oft nur auf die Vermittlung biologischer Vorgänge.

Eine für meine Generation nicht untypische Erinnerung an den Schulunterricht in diesem Fach: *Erst hat die Lehrerin uns etwas von Blumen und Bienen erzählt, dann, wie der Samen zum Ei kommt, und daß sich Papi und Mami sehr lieb haben. Wie der Samen in die Scheide kommt, hat sie nicht gesagt, und keiner hat sich getraut, danach zu fragen, obwohl uns das alle am meisten interessierte.* (Susanne, 26 Jahre)

Hochrote Köpfe, peinlich berührtes Gekicher und «unanständige» Bemerkungen beweisen, daß die Tabuisierung dieses Themas so gründlich in den Köpfen der Kinder verankert ist, daß eine normale Auseinandersetzung nicht mehr möglich scheint.

Das Mädchen erfährt hinsichtlich der Autonomie ihres eigenen Körpers eine noch stärkere Repression als der Junge und wird dazu erzogen, sich auch hier auf ihre passive Rolle zu beschränken. Wie sehr in diesem Bereich elterlicher Anspruch und kindliche Wirklichkeit aufeinanderprallen, beschreibt Simone de Beauvoir: *Keine Erziehung kann ein Mädchen davon abhalten, sich seines Körpers bewußt zu werden und von* seinem Schicksal zu träumen. *Höchstens kann man es rigoros zu Verdrängungen zwingen, die in der Folgezeit womöglich sein ganzes sexuelles Leben belasten. Es wäre wünschenswert, wenn man es im Gegenteil lehrte, sich ohne Schwäche und ohne Scham mit sich selbst abzufinden.*

## Heimliche Sexualität

Das Bertelsmann Jugendlexikon gibt seinen neugierigen Lesern und Leserinnen eine reichlich einfache Definition der Pubertät: *Zwischen dem 11. und 14. Lebensjahr setzt unter dem Einfluß der Hormone, die von der Hypophyse, einer Drüse an der Unterseite des Zwischenhirns, gebildet werden, die Geschlechtsreife (Pubertät) ein. Das geschieht bei den Mädchen meist ein bis zwei Jahre früher als bei den Jungen. Die Pubertät ist eine Zeit der Umbildung in körperlichen, seelischen und geistigen Bereichen und im Verhältnis zur Umwelt, die eine fortschreitende Entwicklung zum Erwachsenwerden darstellt... Beim Mädchen entwickelt sich die Brust, und die Ausreifung der Geschlechtsorgane führt zur ersten Regelblutung. Beim jungen Mann setzt der Bartwuchs ein, er gerät in den Stimmbruch, in seinen Hoden bilden sich befruchtungsfähige Spermien, es kommt zu ersten unfreiwilligen Samenergüssen.*

Im Gegensatz dazu sehen persönliche Berichte über die Pubertät schon ein wenig anders aus:

**Bettina:**

*Es war eine Zeit, die von Angst, Unsicherheit und Unwissenheit geprägt war. Plötzlich durfte ich meinen Bruder nicht mehr nackt sehen und schämte mich vor ihm. Die Badezimmertür wurde abgeschlossen, die Berührungen und Zärtlichkeiten von seiten meines Vaters nahmen ein Ende. Ich verstand die Veränderung nicht und* führte sie auf mein Verhalten zurück, das meine Eltern als frech und aufsässig bezeichneten. Nach dem Einsetzen meiner ersten Menstruation – für mich keineswegs ein Glücksgefühl, sondern eher lästig und schmerzhaft – sollte ich meinem Vater berichten, daß ich nun eine «richtige Frau» sei. Ich genierte mich, da ich viel zu wenig über meinen Körper und die Sexualität im allgemeinen wußte. Es gab homoerotische Spiele mit meiner Freundin, das kribbelnde Gefühl, plötzlich von ihren Brüdern überrascht zu werden, die Heimlichkeiten und die Schuldgefühle, etwas Verbotenes zu tun. Ich fing an, mich für die Jungen in meiner Klasse zu interessieren; spürte erste Verliebtheitsgefühle und Eifersucht, wenn sie sich einem anderen Mädchen zuwandten.

Durch enganliegende Kleidung versuchten wir, das bißchen Busen herauszustellen. Die ersten Klassenparties fanden statt, bis abends um 22 Uhr, mit wenig Licht und langsamer Musik, bei der die Tanzfläche jedoch leer blieb. Statt dessen Neckereien und Gerangel als Ersatz für zärtliche Berührungen. Das größte war es, wenn einen gleich mehrere Jungen ‹verkloppten›, war man doch dann Mittelpunkt. Die ersten Zigaretten wurden mehr gepafft als geraucht, und jeder bemühte sich, sich selbstsicher und erfahren zu zeigen. Über Sexualität wurde nicht gesprochen, sie stand zwar mehr oder weniger knisternd im Raum, aber es passierte nichts. Dann hatten die ersten Mädchen in meiner Klasse einen Freund, sie gingen mit ihm, taten sich hervor und blickten auf die anderen herab. Ich stand stundenlang vor dem Spiegel, fragte mich, ob ich häßlich oder zu dick sei, und übte ein strahlendes Gesicht ein, in der Hoffnung, dadurch einen ‹abzukriegen›. Die Tanzstunde war ein Alptraum, das Sitzen und Warten, ob und von wem man aufgefordert wird. Das bange Warten, bis man zum Mittel- und Schlußball eingeladen wurde. Und die Demütigungen: «Meine andere Partnerin ist krank geworden, hast du schon einen Partner?»

Beim Abschlußball trug ich eine Kette mit einem Schlüssel als Anhänger und wurde gefragt, ob das der Schlüssel zu meinem Keuschheitsgürtel sei. Die Schamröte, die mir ins Gesicht schoß, war unübersehbar. Jeder wußte etwas, aber keiner sprach darüber.

‹Bravo› durfte ich nicht lesen. Kam ich einmal bei einer Freundin daran, war ich fasziniert und erschreckt zugleich. Ich wußte jetzt zumindest, daß ‹es› beim erstenmal weh tut.

Ich hatte Angst, beim Onanieren erwischt zu werden, und davor, daß es der Frauenarzt bei der Untersuchung sofort bemerken würde. Beim Sportunterricht verglichen wir heimlich, wer den größten und damit schönsten Busen hatte, wie die Schambehaarung bei den anderen aussah und so weiter. Es gab immer Mädchen, die viel besser aussahen, lange Haare und Locken hatten, und um die sich die Jungen scharten.

Der erste Zungenkuß war nicht unbedingt schön, aber nun wußte ich wenigstens Bescheid. Die ersten Pettingversuche verliefen unbeholfen und ängstlich. Was wurde von mir erwartet, was sollte ich tun? Konnte man von Petting schwanger werden? Ich hatte Angst, daß er mehr will; gesprochen wurde dabei und danach nicht darüber.

Die Anmache auf der Straße oder in der Disco war lästig und abenteuerversprechend zugleich. Aber wir waren jahrelang gewarnt worden: «Wenn du erst einmal mitgehst, passiert es, und du kannst nicht mehr zurück.» Dann also lieber nicht. Dafür heulte ich abends die Kissen voll, weil sich keiner für mich interessierte. Gedanken an Selbstmord aus Rachegefühlen den Eltern gegenüber, die einen nicht verstanden und nicht halfen, nicht helfen konnten. Ich flüchtete mich in Tagträume, berühmt und geliebt zu werden, mich als Heldin hervorzutun, mein Leben für das des gerade geliebten Jungen aufs Spiel zu setzen, selbstlos und unerschrocken.

Morgens stand ich eine Stunde früher auf, damit ich die Haare und das Make-up hinbekam. Ständig gab es Kämpfe mit meiner Mutter, welche Kleidung ich tragen wollte und welche sie schön fand. Und immer der Wunsch, einen Freund zu haben, um dadurch Prestige zu gewinnen, aber auch die Angst: «Was fordert der von mir?»

## Gerd:

*Die erste Reaktion, wenn ich über meine Pubertät erzählen soll, ist die, daß sie recht spurlos an mir vorbeigegangen sein muß. War da was? Keine besonderen Vorkommnisse. Doch bei näherem Überlegen tauchen doch kleinere Erlebnisse auf, die zusammen ein Bild ergeben, das wohl die Pubertät darstellt. Aber das Gefühl bleibt, daß alles viel unspektakulärer war, als ich es – damals schon – erhofft und erwartet habe. Nichts von dem Verlauf, wie er mir durch eifriges ‹Bravo›-Studium als normal erschien.*

*Kein Gruppenwichsen in Holzverschlägen, keine Treffen vor irgendwelchen Eisdielen. Ein Mofa besaß ich nie. Nicht einmal ein ordentlicher Stimmbruch war auszumachen. Und das seltsame war, meinen Freunden schien es auch nicht viel besser zu ergehen. ‹Schien› – denn seine Gefühle gab man nur selten preis. Erfolgsmeldungen, wie sie wohl gekommen wären, waren jedenfalls äußerst rar, wurden aber voller Bewunderung – stiller natürlich, meist mit großen Augen und Geflüster – aufgenommen.*

*Es gab immer wieder ein paar Dinge, die einen daran erinnerten, daß irgendwo etwas Geheimnisvolles geschah und uns erwartete. Sei es ein gebrauchter Pariser, der an einem Ast hing, die Pornohefte, die wir im Wald entdeckten und die von uns nur mit Gekicher und einigen passenden Bemerkungen bedacht wurden, oder Striptease-Poker auf einer Konfirmandenfreizeit. Am Spiel beteiligt waren selbstverständlich nur die Jungs. Der Einsatz war auch so schon enorm hoch.*

*Mädchen – die kamen meist nur bei den anderen vor. Da war zum Beispiel der Grieche in unserer Klasse, sitzengeblieben und zwei Jahre älter als der Durchschnitt, vom dem es hieß, er habe «es» schon mal gemacht. Beneidenswert, für mich aber unvorstellbar – ich war damals erst vierzehn und hatte noch nicht einmal die nötigen Vorstufen hinter mir. Diese Vorstufen waren ziemlich hohe und unüberwindliche Hürden. Verliebt war ich öfter, aber wie sollte ich das der Betreffenden klarmachen? «Miteinandergehen» – kein schlechter Begriff, doch wie sollte man ihn in einem eigenen Satz unterbrin-*

gen? Also lag ich wieder wach in meinem Bett, übte eine passende Fragestellung, bekam schon beim Gedanken daran Herzklopfen und brachte im Ernstfall kein Wort heraus.

Da beschäftigte ich mich lieber mit mir selbst. Beim Onanieren war ich sicher, da konnte nichts schiefgehen. Das war für mich damals kein Ersatz, sondern die einzig denkbare Möglichkeit, auch etwas abzukriegen. In der Phantasie machte es enormen Spaß, aber die Vorstellung, so etwas auch mal in Wirklichkeit zu erleben – da war ich doch froh, noch ein bißchen Zeit zu haben.

Und da mir die einschlägigen Jugendzeitschriften versichern konnten, daß Onanieren keinen Rückenmarksschwund zur Folge hatte, war zumindest in dieser Richtung nichts zu befürchten. Weil trotzdem ein schlechtes Gewissen zurückblieb – auch genährt durch den Satz meiner Mutter beim Bettenmachen, ich solle doch nicht so viele Flecken auf die Decke machen –, nahm ich mir öfter vor, das Onanieren ebenso wie das Nägelkauen aufzugeben.

Aus diesem Vorsatz wurde natürlich nichts. Mein Körper und meine Phantasie wollten schließlich zu ihrem Recht kommen. Doch die Vorstellungen reichten fast nie so weit, mir auszumalen, wie es wäre, wirklich mit einem Mädchen zu schlafen. Ich begnügte mich mit dem Anblick nackter Frauen – sei es durch das Loch in der Trennwand einer Umkleidekabine oder mit dem Blick unter den Rock meiner Lehrerin, verbunden mit dem Wunsch, sie anzufassen. Alles, was darüber hinausging, war für mich selbst in der Phantasie noch zu weit entfernt. Die Frauen meiner damaligen Träume waren immer deutlich älter als ich. Es waren nie die Mädchen, in die ich verliebt war. Wahrscheinlich waren sie zu schade für diese «schmutzige» Sache.

Wenngleich diese beiden Schilderungen nicht verallgemeinerbar sind, so zeigen sie doch typische Schwierigkeiten auf, mit denen wir in der Pubertät konfrontiert wurden, wobei das Hauptproblem zu sein schien, einen Freund oder eine Freundin zu finden und im Zusammenhang damit endlich das unbekannte Terrain der Sexualität zu betreten.

Die Wunschvorstellung der Jugendlichen und die Wirklichkeit des Erwachsenenlebens treffen aufeinander. Dazu kommt die Diskrepanz zwischen Selbst- und Fremdeinschätzung. Fühlt man sich selbst, bedingt durch die biologischen Tatsachen, als Mann oder Frau, wird man gerade in dieser Zeit von den Eltern stets daran erinnert, daß man noch immer von ihnen abhängig ist.

Außerdem gibt es die Cliquen beziehungsweise die Freunde und Freundinnen in der Klasse, von denen man ebenfalls anerkannt werden möchte. Deren Ansprüche stehen oftmals in krassem Gegensatz zu denen der erwachsenen Umwelt. *Es* muß passieren, will man dazugehören. Dabei kommt immer noch den Jungen der initiierende und den Mädchen der mitmachende Part zu. Ein für beide Seiten unbefriedigender Zustand; so weiß der Junge, daß er keine Freundin findet, wenn er sich nicht selbst darum bemüht, während das Mädchen in der Warteposition verharrt und sich oftmals gedrängt fühlt, auf die sexuellen Bedürfnisse und Forderungen ihres Freundes einzugehen.

Die Statistik des RALF-Reports, einer Untersuchung über das Sexualverhalten der Deutschen aus dem Jahr 1978, zeigt, daß, seit die Norm der Unberührtheit nicht mehr in ihrer ganzen Schärfe aufrechterhalten wird, die ersten sexuellen Erfahrungen immer früher gemacht werden.

Das heißt, bis zum achtzehnten Lebensjahr haben 91 Prozent der Mädchen Petting- und achtzig Prozent Coituserfahrungen, aber nur 55 Prozent haben bis dahin onaniert, wie aus derselben Studie hervorgeht. Ob diese ersten Erfahrungen selbstbestimmt und lustvoll verliefen, wurde in der Studie nicht untersucht. Es erscheint jedoch zweifelhaft, daß Mädchen, die in ihrer Kindheit kaum Gelegenheit hatten, ihre eigene Sexualität frei von Schuldgefühlen zu entdecken und zu erforschen, im Jugendalter plötzlich eine schöne und befriedigende Sexualität erleben können. Ähnliches gilt auch für Jungen, die einer Art Leistungsdruck unterliegen, da von

| Alter | Relative Häufigkeit | |
| --- | --- | --- |
| | Erstes Petting | Erster Geschlechtsverkehr |
| bis 12 | 7% | 1% |
| 13 bis 14 | 17% | 7% |
| 15 bis 16 | 47% | 30% |
| 17 bis 18 | 20% | 42% |
| 19 bis 20 | 6% | 15% |
| 21 bis 25 | 3% | 4% |

ihnen die «Durchführung» der sexuellen Aktivitäten erwartet wird. So erinnern sich nicht wenige an ihre ersten Erlebnisse als krampfhafte Anstrengungen, alles richtig zu machen.

Neben der Unwissenheit und Angst ist auch die Schwangerschaftsverhütung oft ein Problem, das nicht leicht zu lösen ist. Zwar werden beide Seiten mehr oder weniger gewarnt, «Komm ja nicht mit einem Kind nach Hause», doch wie diese Gefahr abzuwenden ist, wird von elterlicher Seite meistens verschwiegen. Hier «helfen» dann häufig Anzeigen in Illustrierten oder die Aufklärungsecken der Jugendzeitschriften weiter. Bleibt nur noch die Hemmschwelle, sich die Mittel irgendwo zu besorgen. Welche Ängste dabei wirklich überwunden werden müssen, kann der einzelne anhand seiner Erinnerung überprüfen.

Wenn man bedenkt, wie schwierig es selbst für Erwachsene ist, offen über Sexualität zu sprechen, dann wird verständlich, warum Zeitschriften wie *Bravo, pop-rocky* oder *Mädchen* für Jugendliche eine enorme Bedeutung haben. Hier besteht die Möglichkeit, sich anonym Rat für alle auftretenden Probleme und Fragen zu holen. Auch wenn die für die Aufklärung reservierten Seiten mit Überschriften wie *Es tut weh, wenn ich es mache* (das Onanieren), *Auf meinem Glied sind weiße Pickel* oder *Es brannte höllisch* (das Duschen nach dem ersten Geschlechtsverkehr) etwas seltsam anmuten und eher an einen medizinischen als an einen psychologischen Kummerkasten erinnern, so hat mich deren Informationswert angenehm überrascht. Einerseits kann man *Bravo* wohl kaum als ein fortschrittliches Magazin bezeichnen. Doch andererseits sind gerade die Problemecken offenbar eine wichtige und – betrachtet man die Ratschläge und Antworten – nicht die schlechteste Einrichtung.

Ein fingierter Brief und die Antworten darauf mögen einen Einblick geben:

*Liebe Frau Buchberger!*

*Lange mußte ich mich überwinden, an Sie zu schreiben, aber ich habe ein Problem, das mich sehr bedrückt. Vor einem halben Jahr habe ich einen Jungen kennengelernt, seitdem gehen wir miteinander, ich habe ihn sehr lieb. Vor zwei Monaten haben wir das erste Mal zusammen geschlafen. Es war sehr schön, weil er sehr lieb und einfühlsam war. Seitdem haben wir immer, wenn wir uns gesehen haben und eine Gelegenheit dazu hatten, miteinander geschlafen, aber da beginnt mein Problem.*

*Manchmal hatte ich nämlich gar keine Lust, mit Wolfgang ins Bett zu gehen, habe aber trotzdem mitgemacht, weil ich Angst hatte, daß er dann nicht mehr mit mir gehen will. Ich habe schon einmal mit meiner Freundin darüber gesprochen, sie ist auch sechzehn Jahre alt und ihr geht das nicht so, sie hat immer Lust. Ich habe mir schon überlegt, ob mit mir etwas nicht in Ordnung ist oder ob ich etwa frigide bin, oder kommt es vielleicht von der Pille, die ich seit fünf Wochen nehme?*

*Bitte helfen Sie mir, denn ich möchte so gerne mit Wolfgang zusammenbleiben. Bitte antworten Sie mir schnell.*

*Mit lieben Grüßen*
*Ihre* Felicites.

**MEDIT**
VERLAG GMBH
Die jungen Zeitschriften: Mädchen und Popcorn

Felicitas Bachmann

München, den 20.01.86

Liebe Felicitas,

vielen Dank für Deinen Brief.
Irmgard (Frau Buchberger) ist leider für
eine Woche nicht im Haus, deshalb antworte ich Dir.
Zunächst möchte ich Dich in einem Punkt
beruhigen: Du bist bestimmt nicht frigide
(gefühlskalt) und Du brauchst Dich nicht
als Versager zu fühlen. Du bist auch
nicht eine große Ausnahme, denn vielen
Mädchen und Fraune geht es so wie Dir.
Es ist möglich, daß Du die Pille, die Du
nimmst, nicht so gut verträgst, und daß
dadurch Deine Lust auf körperliche Liebe
weniger wird. Wenn Du meinst, daß es
vielleicht daher kommt, dann besprich das
mit dem Frauenarzt, er kann Dir vielleicht ein anderes Präparat verschreiben,
daß Deine Libido nicht so beeinflußt.
Grundsätzlich möchte ich Dir aber sagen,
daß (fast?) alle Mädchen und Frauen nicht
immer Lust auf Sex haben. Und auch Männer
haben nicht immer Lust darauf. Wenn Deine
Freundin behauptet, sie hätte immer Lust,
so glaube ich das einfach nicht. Viele
Mädchen schwindeln sich da leider gegenseitig etwas vor, statt ehrlich mit einander darüber zu reden. Denn man könnte
ja die Erfahrungen mit einander bespre-
chen und dadurch viel von der Unsicherheit verlieren, die einen quält.

Wenn Du mal keine Lust hast, mit Deinem
Freund zu schlafen, dann tue es bitte
auch nicht. Sage ihm ganz ehrlich, daß Du
keine Lust hast, daß Dir nicht danach
zumute ist. Man kann soviele andere Dinge
tun, sich unterhalten, streicheln, kuscheln oder Schachspielen, spazieren
gehen oder oder....

Aber bitte lasse auf keinen Fall etwas
mit Dir geschehen, was Du eigentlich
nicht willst. Sollte Dein Freund Dich
unter Druck setzen "ich mache Schluß,
wenn Du nicht mitmachst" dann nimm lieber
diesen Kummer in Kauf. Denn dann nimmt
der Junge auf Dich keine Rücksicht und
wird Dich früher oder später sowieso
"fallen" lassen.


Viele liebe Grüße und alles, alles Gute

Deine

*Marion*

Frl.
Felicitas Bachmann

30.1.1986 ev/aw

Liebe Felicitas,

Du bist keinesfalls frigide. Du hast nur nicht immer
Lust, mit Deinem Freund zu schlafen, wenn er es will.
Das ist ein ganz natürliches Verhalten. Schließlich
kann man nicht auf Knopfdruck Lust zum Miteinanderschlafen haben.

Wichtig wäre natürlich zu wissen, ob Dein Sexualverhalten vor der Annahme der Pille anders war. Hast Du
nämlich einen Lustverlust festgestellt, dann könnte
es eben schon sein, daß die Pille dazu beiträgt. In
diesem Fall solltest Du Dich vertrauensvoll an Deinen behandelnden Frauenarzt wenden. Er wird Dir eventuell einen Präparatswechsel vorschlagen. Damit ist
die Sache meistens erledigt.

Auf jeden Fall solltest Du Dich nicht zum Geschlechtsverkehr zwingen oder zwingen lassen. Miteinanderschlafen kann nur glücken und glücklich machen, wenn beide
Partner daran interessiert sind. Sprich ganz offen mit
Deinem Fruend darüber. Du brauchst ihn ja nicht gleich
vor den Kopf zu stoßen. Sag ihm einfach, daß Du es auch
mal gerne hättest, wenn Ihr nur kuscheln würdet. Dadurch
würdest Du Dich bei ihm wohl und geborgen fühlen.

Mit besten Wünschen

Dr. Sommer-Team

HEINRICH BAUER SPEZIALZEITSCHRIFTEN-VERLAG KG · CHARLES-DE-GAULLE-STRASSE 8 · 8000 MÜNCHEN 83 · TELEFON 089/67860 · TELEX 529790

# BRAVO-PSYCHO-TEST:

Sex-Appeal beinhaltet all das, warum sich Männer von
Frauen und Frauen von Männern angezogen fühlen.
Aber dazu gehört mehr als nur ein gutes Aussehen.
starke Klamotten und 'ne irre Ausstrahlung.
Wenn Du wissen willst, ob Du dieses
gewisse Etwas besitzt, gib
möglichst ehrliche
Antworten
auf folgende
Fragen . . .

## WIE SEXY BIST DU?

**1.** Wenn Du jemanden triffst, der
Dir sehr gut gefällt . . .
- ☐ a) erzählst Du von Deinen
  Leistungen, um ihn zu
  beeindrucken?
- ☐ b) versuchst Du, Dinge zu verheim-
  lichen, die ein schlechtes Licht
  auf Dich werfen könnten?
- ☐ c) packst Du sehr ehrlich über Dich
  selbst aus?

**2.** Jemand, für den Du Dich interes-
sierst, hat Dir auf Deine Einladung hin einen Korb gegeben.
- ☐ a) Du fühlst Dich verletzt und
  schiebst es darauf, daß du eben
  nicht attraktiv genug bist.
- ☐ b) Wünschst Du Dir, die besagte
  Person würde sich ebenso stark
  zu Dir hingezogen fühlen wie
  viele andere Leute auch?
- ☐ c) Du bist nicht beleidigt, weil der
  andere vielleicht einfach ander-
  weitige Verpflichtungen hat.

**3.** Magst Du es, immer wieder mal
was Neues auszuprobieren, zum
Beispiel neue Restaurants oder in-
Plätze zu testen?
- ☐ a) Nein, generell ziehe ich es vor,
  bei dem zu bleiben, was mir
  bisher auch Spaß gemacht hat.
- ☐ b) Ja, aber ich tue es viel zu selten.
- ☐ c) Ja, ich bin ständig auf der Suche
  nach neuen Erfahrungen.

**4.** Wenn Du Deine guten gegen
Deine schlechten Eigenschaften
aufwiegst, was kommt dabei heraus?
- ☐ a) Die Fehler überwiegen gegenüber den positiven Eigenschaften.
- ☐ b) Du empfindest Dich als totalen
  Durchschnitt, weder besonders
  anziehend noch das Gegenteil.
- ☐ c) Deine Tugenden übertreffen bei
  weitem Deine Fehler.

**5.** Wie verhältst Du Dich in einer schwierigen persönlichen Situation, die es zu meistern gilt?

- □ a) Du folgst dem Rat einer Person, deren Urteilsvermögen Du schätzt.
- □ b) Du holst Dir Rat von anderen, bevor Du Deine Entscheidung triffst.
- □ c) Du vertraust auf Dein eigenes Urteilsvermögen.

**6.** Du betrittst einen Waschraum, in dem sich ein Spiegel befindet ...

- □ a) Siehst Du jedesmal sofort in den Spiegel, um Dein Aussehen zu überprüfen.
- □ b) Vermeidest Du gewöhnlicherweise den Blick in den Spiegel.
- □ c) Du siehst nur manchmal hinein.

**7.** Was Dein tägliches Styling betrifft ...

- □ a) Du machst Dir bereits am Abend Gedanken, was Du am nächsten Morgen anziehen wirst und legst alles zurecht.
- □ b) Du ziehst an, was Dir gerade in die Finger kommt.
- □ c) Du wählst Deine Klamotten am Morgen aus und achtest darauf, daß sie auch sauber und gebügelt sind.

**8.** Glaubst Du, daß Leute auf andere anziehend wirken können, egal wie alt sie sind?

- □ a) Ja, weil Attraktivität von mehr Faktoren als nur von jugendlichem Aussehen abhängig sind.
- □ b) Nein, wirklich anziehende Menschen sind jung und fit.
- □ c) Ja, aber die Jugend ist schon ein großer Vorteil.

**9.** Hast Du das Gefühl, daß es an Deinem Aussehen Mängel gibt, die Deine ganze Erscheinung ruinieren?

- □ a) Ja, aber Du machst das Beste daraus.
- □ b) Nein, es gibt nichts an mir, was mich so richtig stört.
- □ c) Ja, und Du fühlst Dich dabei hoffnungslos unattraktiv.

**10.** Auf einer Party bemerkst Du eine Person, die Dir gut gefällt ...

- □ a) Du stellst Dich ganz in die Nähe und hoffst, daß Du von ihr bemerkt wirst.
- □ b) Du verwickelst sie in ein Gespräch.
- □ c) Du hoffst, daß das Schicksal Euch irgendwie zusammenbringt.

**11.** Jemand versucht, ein ganz persönliches Gespräch mit Dir zu diskutieren. Wie reagierst Du?

- □ a) Du hörst ihm höflich zu, wünschst Dir insgeheim, er würde von etwas anderem reden.
- □ b) Du fühlst Dich geschmeichelt und versuchst, ihm zu helfen.
- □ c) Du wechselst das Thema oder brichst die Unterhaltung einfach ab.

**12.** Du triffst eine sehr attraktive Type. Machst Du Komplimente über Aussehen oder Leistungen?

- □ a) Nicht gleich beim ersten Mal.
- □ b) Ja, ich versuche immer, sofort etwas Nettes zu sagen.
- □ c) Selten, weil Schmeicheleien Dich verunsichern.

**13.** Im Gespräch mit anderen Leuten ...

- □ a) läßt Du Deine Gedanken wandern, während die anderen reden.
- □ b) genießt Du es, andere Erfahrungen und Gesichtspunkte kennenzulernen.
- □ c) haßt Du es, wenn andere das Gespräch an sich reißen.

**14.** Was empfindest Du dabei, wenn Du jemandem direkt in die Augen schaust, während Du mit ihm sprichst?

- □ a) Du findest, das steigert die Intimität und das Vertrauen.
- □ b) Das hat keinen direkten Einfluß auf die Unterhaltung.
- □ c) Es macht Dich unsicher.

**15.** Du telefonierst mit jemandem, der Dich sehr interessiert. Wie äußert sich das?

- □ a) Du sprichst leise und sehr betont.
- □ b) Du änderst Deine Stimme ganz unbewußt.
- □ c) Du bist wie immer.

**16.** Was hältst Du von Humor in einer Unterhaltung?

- □ a) Du liebst es, Geschichten und Witze zu erzählen.
- □ b) Du hörst bei Witzen und Anekdoten gern zu, magst selbst aber keine erzählen.
- □ c) Du ziehst ernste Gespräche vor.

**17.** Wenn Du jemanden triffst, der Dir extrem gut gefällt. Was machst Du?

- □ a) Du setzt oder stellst Dich etwas näher heran, als Du das sonst tun würdest.
- □ b) Du gehst so nahe heran, wie Du es bei jedem anderen auch machst.
- □ c) Du achtest auf mehr Distanz, als Du es gewöhnlich tun würdest.

# Auflösung

Bei den Fragen 1 bis 5, gibst Du Dir 0 Punkte für jede Frage, die Du mit a) beantwortet hast. 1 Punkt für jede b)-Antwort und 2 Punkte für jedes c).

Bei den Fragen 6 bis 8 berechne 2 Punkte für jedes a), 0 für jedes b) und 1 Punkt für jede c)-Antwort. Bei den Fragen 9 bis 13 rechne 1 Punkt für jede a)-Antwort, 2 für jedes b) und 0 Punkte für jedes c)-Antwort.

Bei den Fragen 14 bis 17 bekommst Du 2 Punkte für jede mit a) beantwortete Frage, 1 Punkt für b) und 0 Punkte für c)-Antworten. Zum Schluß die Punkte addieren, damit Du Dein persönliches Ergebnis nachlesen kannst.

**30 bis 34 Punkte:** Du verfügst über außergewöhnlich starken Sexappeal. Das andere Geschlecht fühlt sich von Dir unwiderstehlich angezogen.

**25 bis 29 Punkte:** Deine sexuelle Anziehungskraft liegt über dem Durchschnitt. Du bist ziemlich unternehmungslustig und wirst Dich kaum je einsam fühlen.

**15 bis 24 Punkte:** Du bist, was den Sexappeal betrifft, durchschnittlich, besitzt aber genug davon, um glücklich zu leben und befriedigende Liebesbeziehungen zu erleben. Aber denke daran, daß man sich schließlich immer noch weiter entwickeln kann, das könnte auch bei Dir Erfolge bringen.

**14 oder weniger Punkte:** Bei Dir liegt es ziemlich im argen. Wahrscheinlich stellst Du Dein Licht gern unter den Scheffel. Du mußt Dir bewußt werden, was in Dir schlummert und versuchen, es zu entwickeln.

Von der erreichten Punktezahl abgesehen, kannst Du noch mehr über Deinen Sexappeal erfahren, wenn Du analysierst, bei welchen Fragen Du die meisten Punkte eingebüßt hast.

**Fragen 1 bis 5:** Wenn Du hier Punkte verloren hast, mangelt es Dir an Selbstvertrauen, vielleicht der bedeutendste Faktor in der sexuellen Ausstrahlung. Liste all Deine guten Eigenschaften auf und höre auf, Dir um Deine Unzulänglichkeiten Gedanken zu machen. Riskiere einfach mal etwas, und Du wirst positiv erstaunt sein.

**Fragen 6 bis 8:** Du mußt Dich stärker um Deine äußere Erscheinung kümmern. Das andere Geschlecht spricht einfach mehr darauf an. Deine Klamotten müssen deshalb nicht gleich neu und teuer sein, aber sauber und gebügelt sollten sie zumindest sein. Überprüfe auch mal Deine Haare, Fingernägel und Schuhe.

**Fragen 9 bis 13:** Du solltest Dir etwas mehr Interesse für andere angewöhnen. Sei ein sympathischer Zuhörer und geh' aber auch mal aus Dir heraus. Sei nicht immer so passiv und warte, bis die anderen die Initiative ergreifen.

**Fragen 14 bis 17:** Eine niedere Punktezahl in diesem Fragen-Komplex bedeutet, daß es Dir an der Kommunikationsfähigkeit fehlt. Arbeite an Deinem verbalen und auch gestenmäßigen Ausdruck. Gewöhne Dich an, selbst einem durchdringenden Blick standzuhalten, geh' ruhig näher an den anderen heran und sprich etwas leiser. Denn manchmal kommt es mehr darauf an, wie man etwas sagt als auf das, was man sagt.

Wenn es auch fraglich ist, ob die Antworten einer wirklich Betroffenen helfen, und da die Ersatzvorschläge von Schachspielen bis Kuscheln etwas willkürlich erscheinen, so bestehen die Briefe doch deutlich auf dem Recht auf Selbstbestimmung. Inwieweit zumindest hier die Emanzipationsbewegung positiv auf solche Zeitschriften einwirkt, läßt sich nur vermuten. Vielleicht wäre die Antwort vor fünf oder zehn Jahren noch anders ausgefallen.

Ansonsten folgen *Bravo* und andere Jugendmagazine meist uneingeschränkt den gängigen Marktgeboten, die da lauten: viel nacktes (Frauen-)Fleisch, schöne Menschen, tadellose Körper und so weiter, auch wenn Tests wie der folgende für beide Geschlechter gelten.

(Aus: BRAVO, Heft 40 / 1987)

Einer schönen, befriedigenden Sexualität stehen aber nicht nur Ängste, Schuldgefühle und Unwissenheit im Wege, sondern auch ganz praktische Probleme, zum Beispiel, wohin die Jugendlichen überhaupt gehen können. Sie sind von äußeren Umständen abhängig und können sich daher nicht nach ihrer Lust und ihren momentanen Bedürfnissen richten. Sie schlafen miteinander, wenn sie die Gelegenheit dazu haben. Dabei bleiben dann oft die Zärtlichkeit, das langsame Sich-Annähern und Verständigen auf der Strecke. Ein offenes Gespräch über die eigenen Bedürfnisse und Ängste und die des Partners kann in einer solchen Atmosphäre nicht stattfinden.

Betrachtet man all diese Schwierigkeiten, die den Jugendlichen durch eine prüde Erziehungsmoral in den Weg gelegt werden, wird einsichtig, warum Sex zwar immer noch das Aufregendste und Abenteuerlichste ist, was die Pubertät zu bieten hat, aber oft nicht das Schönste.

Auch hier wird Sex manchmal schon als Mittel zum Zweck benutzt, sei es, um den Freund zu halten, um jemandem zu imponieren, um den Eltern zu trotzen oder ganz einfach, um sich selbst zu beweisen, daß man nun erwachsen ist. All dies sind nicht gerade günstige Voraussetzungen. Die Hoffnung, daß sich von einem bestimmten Alter an alle vorher auftauchenden Probleme und Schwierigkeiten von selbst lösen und sich die sexuelle Erfüllung anbahnt, ist ebenso unrealistisch wie der Wunsch nach einer besseren Welt, in der diese Probleme gar nicht erst auftauchen.

## Erlaubte Sexualität

Volljährigkeit und die damit meist verbundene Ablösung vom Elternhaus lassen uns in die Phase der erlaubten Sexualität eintreten. So darf man nun ab dem achtzehnten Geburtstag all das tun, was am Tag davor noch verboten war. Eine ungeheure Freiheit tut sich – rein rechtlich gesehen – auf. Doch die eigentlichen Schwierigkeiten fangen oft jetzt erst an.

Aus dem Hite-Report: *Wie stellen sie sich die Sexualität in der besten aller möglichen Welten wor?*

*Jeder könnte mit jedem Liebe machen, mit dem er möchte. Mann oder Frau, gleichen Geschlechts oder verschiedenen Geschlechts. Sex wäre nicht so versteckt, vom normalen Leben nicht so abgesondert. Alle könnten über körperliche Liebe und die Freude darüber sprechen, so, wie wir über alles reden können, das uns glücklich macht. Die Last der Geburt würde nicht allein auf den Frauen liegen, und die Verhütung würde gleichwertig und schmerzlos geteilt werden, so daß die Furcht vor Schwangerschaft Frauen nicht mehr länger in ihrer Entscheidungsfreiheit einengen würde … Sex würde niemals dazu benützt werden, Menschen zu beherrschen oder einzufangen, so wie er heute von so vielen Männern benutzt wird, um Frauen einzufangen und zu beherrschen oder zu ‹erobern› … Jeder würde in die Sexualität hineinwachsen, wie sie hoffentlich auch in jede Form von Geben und Nehmen hineinwachsen würden, natürlich, offen, gesund.*

Jeder mag selbst ermessen, wie weit wir noch von der besten aller möglichen Welten entfernt sind. Die Unterscheidung nach weiblich = passiv und männlich = aktiv spiegelt sich in fast allen Lebensbereichen wider. Die weibliche Sexualität wurde und wird in Abhängigkeit vom Mann, vom Penis definiert. Dies läßt sich zwar unter dem biologischen Aspekt der Fortpflanzung verstehen, es ist aber nicht einsichtig, warum man bei der Beschreibung des Geschlechtsverkehrs vom «*Eindringen* des Penis in die Vagina» spricht und nicht zum Beispiel vom «*Aufnehmen* des Penis durch die Vagina». Dem Mann wird auch und gerade im Sexualleben der aktive, fordernde Part zugeschrieben. Er soll die Frau *anmachen, rumkriegen, durchnehmen,* die Frau hat sich hinzugeben. Bei umgangssprachlichen Begriffen wie *bügeln* und *bürsten* wird er (rein sprachlich) zwar zum Hausmann, aber auch dies sind aktive und außerdem nicht gerade zärtliche Beschreibungen für eine Tätigkeit, die dann wohl auch eher den Charme eines Bügeleisens und des dazugehörigen Bügelbrettes haben. *Bumsen, ficken* und *vögeln* sind ebenfalls nicht dazu angetan, das zu beschreiben, von dem sich angeblich fast alle Menschen die Erfüllung versprechen.

Aussprüche von Psychoanalytiker*innen* wie: *Die Frau ist glücklich in der zärtlich-mütterlichen Spende auch im Coitus; der Orgasmus ist männlich. Die «weibliche» Frau kennt keinen orgastischen Höhepunkt* (Helene Deutsch) oder *Die geliebte Frau hat mit der Liebe etwas erworben, das in ihrem Unbewußten dem Besitz eines Phallus entspricht* (Béla Grunberger) erschrecken erstens durch das unreflektierte Nachgeplapper der Freudschen Theorien und zweitens durch deren Haltbarkeitsdatum, das immer noch nicht abgelaufen ist.

Solche und ähnliche Auffassungen haben das Bild der Frau und ihrer Sexualität entscheidend mitgeprägt.

Die Gleichsetzung von Sex mit dem Koitus, die starre Einteilung in Vorspiel – Coitus – Nachspiel, die gängige männlich-aktive Missionarsstellung, bei der viele Frauen Schwierigkeiten haben, zum Orgasmus zu kommen, die Mythen vom vaginalen und klitoralen Orgasmus: all dies trägt nicht gerade zu einer gleichberechtigten, für beide Seiten befriedigenden Sexualität bei.

Auch wenn auf einigen Gebieten Fortschritte zu verzeichnen sind – mann ist sich inzwischen bewußt, daß auch die Frau einen Orgasmus haben kann und sollte –, so führt dies nicht zwangsläufig zu einer Verbesserung der Gesamtsituation. Das Wissen darum, daß von ihm erwartet wird, ihre Lust zu befriedigen, wirft ein anderes Problem auf: Der Leistungsdruck steigt. Früher, als mann sich noch keine Gedanken über die unter ihm liegende Frau machte, war das einfacher. Nun ist er gefordert und muß beweisen, daß er es «bringt», während sie – ebenfalls medial aufgeklärt – gleich mehrere Orgasmen erreichen soll. An die Stelle des bisher gültigen «Anmach- und Flachlegeritus» ist heute der Anspruch getreten, eine gleichberechtigte Sexualität zu leben. Daß dies nicht von heute auf morgen funktionieren kann, versteht sich nach dem obigen Abschnitt zur geschlechtsspezifischen Erziehung von selbst.

In Anbetracht der gesellschaftlichen Verhältnisse erscheint der Versuch des Individuums, sich zu emanzipieren, wie Don Quichotes Kampf gegen die Windmühlen. Schon die Trennung zwischen weiblicher und männlicher Sexualität ist in einer heterosexuellen Beziehung widersprüchlich. Sexualität ist etwas, das mit Ausnahme von Onanie gemeinsam erlebt wird. So ist es nicht nur einseitig, sondern auch wenig effektiv, die Befreiung oder Veränderung der weiblichen Sexualität zu fordern und die männliche unangetastet zu lassen. Die Unterscheidung von Opfer (Frau) und Täter (Mann) wird hinfällig, wenn man bedenkt, daß Männer und Frauen auf Grund äußerer Strukturen tatkräftig oder opferbereit werden. Sich von diesem Erbe zu lösen, erfordert eine Menge Energie, Mut und Selbstbewußtsein, lauter Eigenschaften, die vor allem Frauen sich oft erst aneignen müssen.

Diejenigen, die es dennoch versuchen, werden nach der beliebten Schubladenunterscheidung den Emanzen oder den Softies zugeordnet. Die Vertreter des Patriarchats fürchten um ihre Vormachtstellung. Wie weit wir in Wahrheit noch davon entfernt sind, die patriarchalische Ordnung selbst in Teilbereichen zu verändern – auf der gesellschaftlichen Ebene ebenso wie auf der privaten –, läßt sich kaum ermessen. Solange die wirtschaftliche Situation den Rückzug der Frau auf Kinder und Küche verlangt, solange das Schreckgespenst AIDS die ‹gesunde› Treue und der Zeitgeist die Coolness und Perfektion eines computergesteuerten Menschen erfordern, bleiben diejenigen, die ernsthaft versuchen, neue Beziehungsstrukturen aufzubauen, vielfach auf der Strecke.

Das Erscheinungsbild unserer Sexualität ist durch mannigfaltige äußere Eindrücke geprägt, oder, wie Heike in ihrem Interview sagt: *Ich habe das so gelernt, es gibt ein Vorspiel, dann gibt's einen Coitus, und dann gibt's ein Nachspiel, und so ist das auch in meinem Kopf drin, und so bin ich auch. Dabei kann man Stellungen wechseln, natürlich wird das abgewandelt, aber es ist nicht so, daß ich eine sexuelle Kreativität hätte, die ganz anders ist als die Norm... Meine erogenen Zonen sind die, die alle Frauen haben, jedenfalls werden sie so beschrieben, und wenn du mir den Zeh streichelst, das ist halt nicht so, als würdest du mir den Busen streicheln.*

An drei Themen läßt sich die allgemein verbreitete Auffassung von der weiblichen Sexualität exemplarisch beleuchten: an der Einstellung zur Menstruation, an der Problematik der Verhütung und am herrschenden Schönheitsideal. Wobei die männliche Sichtweise immer nur die eine Seite der Medaille, die andere die weibliche Anpassung ist.

Die Menstruation ist ein Tabu. Ihre Kulturgeschichte ist so alt wie die Menschheit selbst. Schon in der Bibel wird die

Menstruation mit Unreinheit gleichgesetzt: *Wenn eine Frau ihren Blutfluß hat, so soll sie sieben Tage für unrein gelten. Wer sie anrührt, der wird unrein bis zum Abend. Und alles, worauf sie liegt, solange sie ihre Zeit hat, wird unrein, und alles, worauf sie sitzt, wird unrein.* (3. Buch Mose, Kap. 15)

In vielen «primitiven» Kulturen gibt es sogenannte Menstruationshütten, in die sich die Frauen während der Periode zurückziehen müssen, um die Männer, das Essen und die Ernte nicht durch ihre Unreinheit zu gefährden.

In unserer Kultur finden wir den Unreinheits-Mythos insofern wieder, als der Geschlechtsverkehr während der Periode von vielen Männern und Frauen abgelehnt wird. Das Menstruationsblut wird als stinkend und schmutzig wahrgenommen. Von dieser Einstellung lebt eine ganze Hygiene-Industrie. Sie nutzt die körperfeindliche Erziehung aus und bietet Sicherheit durch Tampons und Monatsbinden und versichert, dank dieser Produkte werde die Menstruation unsichtbar und geruchlos.

Viele Mädchen erwarten mit Ungeduld das Einsetzen ihrer ersten Regelblutung, doch ihre Freude über dieses Ereignis wird durch die Prozedur der Anwendung von Binden und Tampons nicht selten bald gedämpft.

Viele Frauen leiden unter Menstruationsbeschwerden, die mit Hormonen behandelt werden. Daß ein psychosomatischer Zusammenhang zwischen Erziehung und Menstruationsbeschwerden besteht, ist eine noch relativ neue Erkenntnis. Je restriktiver und körperfeindlicher die Erziehung war, desto häufiger treten Beschwerden während der Menstruation auf.

Die Aussage eines Frauenarztes zur Dauer der Wechseljahre – *Das dauert zehn Jahre, bis der ganze Dreck raus ist!* – illustriert sehr drastisch, welch hanebüchene Ansichten selbst in der sogenannten Bildungsschicht über den weiblichen Körper verbreitet sind.

# Einkaufstrubel mit Binde?

„Früher war mir das ganz schön unangenehm. Doch jetzt, mit der neuen Camelia, kann mich nichts mehr verunsichern."

(Elisabeth Z., 35 Jahre, Sekretärin)

## Kein Knautschen und Verrutschen mehr.

Denn die neue Camelia ist jetzt besonders formstabil und hat eine extra breite Haftfläche. Bei allen 5 Größen.

| Slipeinlage | Mini-Binde | normal «dünn» | normal «extra» | Nacht |

## Sich frei und sicher fühlen.

Jetzt auch in Österreich und der Schweiz erhältlich.

Übertriebene Hygienevorschriften erzeugen oft Auflehnung und Gegenreaktionen, deren Spektrum von Nonsense-Sprüchen wie «Menstruieren für den Frieden» bis hin zu überdrehten Einschätzungen der sogenannten neuen Hexen reicht, die im Menstruationsblut eine mystische Kraft entdecken.

Doch von welcher Seite auch immer, es gibt kaum ein anderes Phänomen unter den biologischen Vorgängen des menschlichen Körpers, das in einem ähnlichen Ausmaß tabuisiert und gleichzeitig mystifiziert wird wie die Menstruation der Frau.

Verhütung ist Pflicht – für wen? Mit der Entwicklung von Pille und Spirale ist die Verhütung scheinbar endgültig Sache der Frau geworden. Seit AIDS droht, konzentriert sich plötzlich die Aufmerksamkeit wieder auf den altbewährten Pariser. Gehst du zur Frau, vergiß das Kondom nicht!

In Bayern wurde eine Prostituierte zu zwei Jahren Haft ohne Bewährung verurteilt, weil sie ohne Kondom ihren Geschäften nachging, obwohl sie wußte, daß sie HIV-positiv ist. Fazit: Auch wenn der Pariser ein Verhütungsmittel ist, das nur der Mann anwenden kann, ist die Frau weiterhin verpflichtet, dafür zu sorgen, daß er es auch wirklich tut. So sind denn auch in der Anzeigenkampagne des Bundesgesundheitsministeriums und der Zeitschrift *Brigitte* mehr oder weniger bekannte Frauen abgebildet, die von sich behaupten, daß sie «mit» lieben. Ist es naiv zu glauben, daß es sinnvoller wäre, anstelle von Susanne Uhlen zum Beispiel Götz George zu zeigen, wie er im nächsten *Tatort* zu seinen privaten Tatorten immer ein Päckchen dieser nützlichen, krankheitsverhütenden Plastikmützchen mitnimmt?

Es ist und bleibt offenbar Sache der Frau, dafür zu sorgen, daß er und sie kein AIDS und keine Kinder kriegen.

Natürlich werden gerade die Frauen in der Pubertät ganz besonders vor einer Schwangerschaft gewarnt, da nicht nur das schwangere Mädchen selbst, sondern auch deren Familie – nicht etwa die des Vaters – den guten Ruf verliert. Frauen, denen sonst die notwendigen Entscheidungen auf fast allen Gebieten von hilfreichen Männern abgenommen werden, wird gerade in dem elementaren Bereich der Familienplanung die alleinige Verantwortung zugeschoben. Sie hat dafür zu sorgen, daß «nichts passiert», und die meisten Männer sind anscheinend der Meinung, dies befreie sie von jeglicher Verantwortung oder Vorsorge. Wird die Frau trotzdem schwanger, fühlt sich der Mann nicht selten hereingelegt, da er, wenn er Pech hat, nur zahlen darf. Außer Spesen nichts gewesen.

Zweifellos ist Verhütung für beide Geschlechter ein problematisches und zwiespältiges Thema. Auf der einen Seite wünschen sich Frauen ein sicheres Verhütungsmittel, damit sie ihre Sexualität angstfrei ausleben können. Wäre der Mann allein dafür zuständig, zum Beispiel durch die Einnahme einer Pille, könnten sich Frauen auch nie sicher sein. Auf der anderen Seite ist die Möglichkeit, nein zu sagen, durch die Pille und ähnliche Mittel erheblich eingeschränkt worden. Hatten Frauen früher eher die Möglichkeit, aus Angst vor einer ungewollten Schwangerschaft ihre Einwilligung zum Geschlechtsverkehr zu verweigern, so ist dieses Argument heute durch die einfache Handhabung verschiedener Verhütungsmittel hinfällig geworden. Die moderne Frau ist allzeit bereit.

Verhütung wird also wohl weiterhin Frauensache bleiben, ebenso die eventuell notwendige Abtreibung mit allen psychischen und physischen Folgen. Auf der anderen Seite sind es meist Männer, die die Verhütungsmittel entwickeln und die Abtreibung reglementieren. Sie diktieren den Frauen die Pflicht, das eine anzuwenden, und sie gewähren ihnen gnädig das Recht, das andere in Anspruch zu nehmen.

Anspruch und Wirklichkeit stimmen in den wenigsten Fällen überein, das trifft auch für das derzeit herrschende Schönheitsideal zu: schlank und wohlproportioniert, jung, sportlich, braungebrannt und modisch gekleidet. Zwar gilt dies inzwischen auch für Männer, jedoch nicht in demselben Maße, wie es für Frauen schon immer gegolten hat. Simone de Beauvoir schrieb: *Die Gesellschaft verlangt gerade von der Frau, daß sie sich zum erotischen Objekt macht. Das Ziel der Moden, denen sie unterworfen ist, besteht nicht darin, sie als ein autonomes Individuum zu enthüllen, sondern im Gegenteil, sie von der Transzendenz abzuschneiden, um sie der männlichen Begierde als Beute anzubieten.*

Frauen machen mit und versuchen, dem Schönheitsideal und damit dem Status der Beute so nah wie möglich zu kommen. Nach dem Motto *Wer schön sein will, muß leiden* unterwerfen sich viele jedem noch so unbequemen und unpraktischen Modetrend.

Sind äußerliche Trends noch relativ einfach mitzumachen, zumindest für die, die das nötige Kleingeld besitzen, wird es bei den Vorschriften für den Körper schon schwieriger. Doch auch da kennen Frauen kein Pardon, sei es beim Haarefärben oder bei der Schlankheitswelle. Mangelndes Selbstbewußtsein wird durch Anpassung an die gängigen Schönheitsideale und die damit verbundene Attraktivität ausgeglichen. *Wenn Ihnen ein Fremder plötzlich Blumen schenkt, könnte das an ‹Impulse› liegen* (aus der Werbung für ein Parfüm-Deodorant). Die Attraktivität einer Frau hängt danach nicht von ihrer persönlichen Ausstrahlung ab, sondern vom Duft ihres Deodorants. Die Industrie, die an der Normierung und Verbreitung des Schönheitsideals ein starkes Interesse hat, bezieht sich in ihrer Werbung auf die gängigen Anforderungen, die an eine Frau gestellt werden. Eine Frau zählt nur, wenn sie jung und schön ist: *Die besten Jahre einer Frau sind die, die man ihr nicht ansieht* oder *Ein Mann darf Falten haben – eine Frau nicht.* Es ist uns nicht erst seit diesen Werbeslogans klar, daß alte Frauen häßlich und unattraktiv sind. Nicht die Erfahrungen und Erlebnisse, die sich in einem Gesicht widerspiegeln, sondern die Künste der Kosmetikindustrie lassen eine Frau anziehend erscheinen.

Schon als Teenager lernen wir, daß Pickel der Anfang allen Übels sind, später kommen dann noch die Größe des Busens (die man zur Not operativ verändern kann), die Dichte der Augenbrauen und ähnliches hinzu. Frauenzeitschriften wie *Brigitte, Freundin* oder *Für Sie* bieten da viele Tips und Ratschläge. Ungefähr in jedem dritten Heft wird den Leserinnen nahegelegt, sich doch mal wieder einen Schönheitstag zu gönnen. Die Erfindungsgabe dieser Zeitschriften und der überaus kreativen Kosmetikindustrie scheint unerschöpflich im Produzieren und Vermarkten ständig neuer, überflüssiger Produkte zu sein.

Inzwischen tauchen bereits nackte Männer in den Anzeigen auf und versuchen, ihren Geschlechtsgenossen so geheimnisvolle Artikel wie Bodylotions und Regenerationscremes näherzubringen. Dennoch unterscheidet sich das Dogma des Schönseins in zwei Kategorien: Der Mann *kann*, die Frau *muß* schön sein. Die Frau, die durch jahrelange Erziehung ihren Objektstatus akzeptiert hat, versucht, ihren Marktwert zu erhöhen. Sie muß sich über den Mann definieren, da ihr eine eigene gleichwertige Stellung in der Gesellschaft verweigert wird.

Daß hinter dem Schönheitsideal auch eine Doppelmoral steckt, wird zum Beispiel in Vergewaltigungsprozessen deutlich, in denen der Frau auf Grund ihrer äußeren Erscheinung mit tiefem Ausschnitt, hohen Absätzen und ähnlichen modischen Attributen der Weiblichkeit teilweise oder gar ganz die Schuld an dem Verbrechen angelastet wird, dessen Opfer sie geworden ist.

Die Frage, warum Frauen dem herrschenden Schönheitsideal nachstreben, ist schwierig zu beantworten. Ihre gängigste Entschuldigung ist, daß sie sich selbst gefallen möchten.

Den wahren Grund vermute ich indessen darin, daß sie wie alle Menschen Anerkennung erfahren möchten und daß ihnen dazu wesentlich weniger berufliche und gesellschaftliche Möglichkeiten geboten werden.

Daß sie mit diesem Ringen um männliche Anerkennung ihren Status als minderwertiges Sexualobjekt selbst mitproduzieren, ist ein dialektischer Prozeß, der den wenigsten Frauen bewußt wird. Anstatt ein eigenes Selbstbewußtsein zu entwickeln, schminken sie sich eines an, und wehe dem, der ein bißchen fester auf den Putz klopft.

# Ja, nein,
## vielleicht doch

Daß Frauen, die nein sagen, eigentlich ja meinen, ist ein altes Klischee, das dem männlichen Wunschdenken über die Verfügbarkeit von Frauen entspringt. Ist es schon schlimm genug, daß es immer noch Männer gibt, die eben dieses Argument als sexuellen Jagdschein benutzen, so bekommt die Unfähigkeit vieler Frauen, überhaupt nein zu sagen, vor diesem Hintergrund ein besonderes Gewicht. Daß viele Frauen nicht in der Lage sind, im sexuellen Bereich selbstbestimmt zu handeln, ihre eigenen Bedürfnisse zu erforschen und zu befriedigen, ist meines Erachtens eine Ursache dafür, daß sie sich so häufig ihren Partnern und deren Wünschen unterordnen.

Durch die Veränderungen Ende der sechziger Jahre ist die sexuelle Situation der Frau nicht nur freier, sondern auch komplizierter geworden. Der sexualfeindlichen Erziehung, die sie erlebt hat, steht nun die Vorstellung eines freien und aufgeschlossenen Sexuallebens gegenüber. Margarete Mitscherlich-Nielsen schreibt dazu: *Die Entwicklung eines stabilen Selbstwertgefühls des Mädchens ist aber, um es zu wiederholen, bei der bewußten und unbewußten Einstellung der Eltern ihm gegenüber nach wie vor in hohem Maß gefährdet. Je geringer nun das Selbstwertgefühl einer Frau ist, je weniger sie in der Lage war, ein strukturiertes, in sich gefestigtes Selbstbild zu entwickeln, um so abhängiger bleibt sie von der Anerkennung durch äußere Objekte.*

So wurde in der *sexuellen Revolution* der zweite vor dem ersten Schritt gemacht: Statt die Gleichstellung der Frau in allen Bereichen zu forcieren, beschränkte man sich im wesentlichen auf ein freies Ausleben der männlichen Sexualität, ohne dabei die individuelle Selbstbestimmung der Frauen zu berücksichtigen. Frauen lassen sich «vergewaltigen», in dem sie sich stumm ins scheinbar Unvermeidliche fügen. Die psychischen Folgen, die ein solches Ja haben kann, sind annähernd mit denen einer Vergewaltigung zu vergleichen. Frauen fühlen sich schuldig, empfinden Haß auf sich selbst und den Mann oder auf alle Männer. Die bohrende Frage, warum sie mitgemacht haben, die Angst, noch einmal in eine ähnliche Situation hineinzuschlittern, und die vielleicht heilsame Wut auf sich und ihn, all dies sind mögliche Reaktionen, die das weitere (Sexual-)Leben beeinträchtigen können. Im Gegensatz zu gewaltsamen sexuellen Übergriffen wird hierbei das eigene Einverständnis oft als besonders belastend empfunden.

Die Frauen, die hier zu Wort kommen, sind zwischen 26 und 31 Jahre alt, studieren oder haben ihr Studium inzwischen abgeschlossen und setzen sich alle mehr oder weniger mit ihrer Rolle als Frau auseinander. Zum Teil sind sie in Frauenprojekten aktiv. Alle Befragten hatten zum Zeitpunkt des Interviews unterschiedlich lange, feste Beziehungen zu ihren jeweiligen Freunden. Drei von ihnen leben mit ihrem Partner in Wohngemeinschaften oder zu zweit zusammen, die beiden anderen auch durch eine örtliche Distanz getrennt.

Die Gespräche dauerten zwanzig Minuten bis eineinviertel Stunden. Alle vorkommenden Namen, Ortschaften und ähnliches sind geändert.

Die Frauen erzählen in den Interviews exemplarische Geschichten, die meines Erachtens so oder ähnlich fast jede Frau schon einmal erlebt hat.

Die einleitende Frage lautete: Hast du schon einmal eine Situation erlebt, in der du mit einem Mann ins Bett gegangen bist, obwohl du keine Lust dazu hattest?

# Ihm zuliebe: Frauen bleiben passiv

Birgit, 31 Jahre alt, hat seit sechs Jahren eine Beziehung mit Ralf, lebt aber nicht mehr mit ihm zusammen. Sie ist seit einigen Jahren in der Frauenbewegung engagiert.

*So direkt, daß ich von vornherein nicht wollte, war es nicht, das kam erst, während wir zusammen waren. Ich kann mich erinnern, daß ich einfach nicht mehr wollte und dann gemerkt habe, das kannst du dir jetzt nicht leisten, zu sagen, «Ich will jetzt nicht mehr». Ich habe dann weitergemacht, obwohl ich nicht wollte.*

*Ich kann mich an eine Situation mit meinem Freund erinnern. Wir waren zusammen im Urlaub, im Zelt. Ich hatte eigentlich nicht so recht Lust, aber ich habe gedacht, «o.k.». Irgendwie kamen dann auch Lustgefühle. Aber im Zelt ist es sowieso blöde, richtige Lustgefühle zu äußern, das war schon eine komische Situation. Als dann der übliche Geschlechtsakt erfolgen sollte, ist mir klargeworden, daß ich das nicht wollte. Ich hab aber nicht gesagt, «Ich will das jetzt nicht», sondern hab erst mitgemacht. Dann hab ich mich zur Seite gedreht. Ich war total sauer, und Ralf hat nicht verstanden, warum das so abrupt kam.*

*Na ja, dann hab ich gemerkt, das war vorher schon «nein», aber ich hab mitgemacht, weil ich auch selber nicht richtig wußte oder weiß, wie ich damit umgehen soll. In dem Moment habe ich dann einfach die passive Rolle eingenommen. Wir haben uns dann total verkracht, und ich wäre am liebsten in der gleichen Nacht noch weggefahren.*

Kann es noch andere Gründe dafür gegeben haben, daß du mitgemacht hast?

*Ich hab das nicht dem Ralf zuliebe getan, da waren vorher schon Spannungen, wir waren also vorher auch nicht so einträchtig zusammen. Aber im Endeffekt vielleicht doch, um ihn in dem Moment nicht vor den Kopf zu stoßen, also ihn nicht zu frustrieren, obwohl ich mich selber damit total frustriert habe. Damals war es mir noch nicht so wichtig, daß ich auch zu meinem Recht, zu meiner Befriedigung kommen konnte. Also wohl doch ihm zuliebe.*

*Das war bei mir eine ganz schön lange Entwicklung, bis ich zu meiner Sexualität gefunden habe. Es gab eine lange Zeit, in der ich das erst lernen mußte, trotz theoretischer Kenntnisse, die ich aber gefühlsmäßig nicht hatte. Es war dann öfter so, daß ich wirklich passiv war, daß ich «jain» gemeint habe, also das Vorspiel toll fand, aber der Geschlechtsakt selber einfach zur Routine wurde. Den wollte ich nicht, habe aber dann mitgemacht, weil es dazugehört.*

Jetzt passiert dir das nicht mehr?

*Ich glaube nicht, gerade zwischen Ralf und mir hat sich da einiges geändert. Wir haben ein Jahr zusammengelebt, da war es extrem. Da habe ich mich auch von meinem ganzen Lebensgefühl her sehr passiv verhalten und große Angst gehabt, daß ich eine richtige Ehefrau werde. Seitdem ich merke, daß ich mein eigenes Leben führen und aktiv selbst gestalten kann und nicht irgendwo mitlaufe, kann ich auch intensiver und fordernder im Sexuellen sein.*

*Ich habe ziemlich früh onaniert und weiß, was mir guttut. Es ist ein Lernprozeß für uns beide, daß ich selten einen Orgasmus kriege, wenn wir Geschlechtsverkehr haben. Aber Ralf befriedigt mich dann auf andere Weise, und mir ist auch wichtig, daß er befriedigt ist. Was ich einfach faszinierend finde, ist, daß ich in der Lage bin, öfter einen Orgasmus zu erleben und daß ein Mann echt tot ist danach. Das war eine ganz schöne Entwicklung.*

Und früher, bevor diese Entwicklung eingesetzt hat, hat er seinen Orgasmus beim Geschlechtsverkehr gehabt, und du hattest im Grunde genommen relativ wenig davon?

*Ja. Die Nähe fand ich wichtig, aber es hat mich öfters geärgert, weil ich wußte, ich bin orgasmusfähig, aber habe nichts gefordert. Heute schlafen wir miteinander, wenn ich das will – und auch wenn ich's mit ihm zusammen «alleine» mache – will ich das! Das ist ein tolles Gefühl.*

*Ich bin schon lange mit Ralf zusammen, da ist natürlich auch ein Vertrauensverhältnis da. Obwohl, ich hab schon mal Lust, meine Sexualität auch mit jemand anders auszuprobieren, und ich glaube eben, daß ich jetzt soweit bin, daß es mir nicht mehr passieren würde, daß ich nein meine und ja sage.*

Ist Ralf der einzige, mit dem du bisher sexuell zusammen warst?

*Nein, er ist nur die einzige feste Beziehung. Davor hatte ich schon kürzere Beziehungen und auch eine zu einem Typen, der mehrere Beziehungen hatte. Ralf ist meine einzige feste Beziehung. In den sporadischen war ich immer vorsichtiger und hab's auch mit mir machen lassen. Das kam wohl daher, daß ich erst ziemlich spät mit einem Mann sexuell zusammen war. Ich war schon 22, was ich ziemlich spät fand, wenn ich von meinen Freundinnen gehört habe, daß die teilweise schon feste Beziehungen hatten.*

Was sind denn die Gründe, warum du dich in den kurzen Beziehungen, und am Anfang auch in der Beziehung zu Ralf, so zurückgesetzt hast mit deiner Sexualität, deinen Wünschen?

*Ich denke, ich war in meiner ganzen Persönlichkeit so, ich hab da mehr mit mir machen lassen, hab beobachtet, aber selbst nicht das Gefühl gehabt, daß ich Dinge in Gang setzen kann. Das hat sich in der Sexualität genauso widergespiegelt, da war ich mehr abwartend; Hauptsache, der Mann hat was davon. Ich hab mich auch so bewegt, wie ich dachte, daß es für den Mann reizvoll sei. Das war praktisch ein Abbild dessen, wie ich mich auch sonst verhalten habe.*

Woher wußtest du denn, wie der Mann etwas davon hat?

*Ich bin öfter ins Kino gegangen und habe mir Sexfilme angesehen. Und da hab ich das mit der Selbstbefriedigung rausgekriegt. Ich hab gedacht, das muß doch auch alleine gehen. Das kam wirklich durch diese Filme. Ich denke mir, daß ich auch die anderen Anregungen dadurch bekommen habe, außerdem lernst du ja auch, Reize einzusetzen.*

Konntest du über deine sexuellen Bedürfnisse mit Ralf oder mit den anderen Männern reden?

*Erst wenig, ich hab's versucht, aber das ging immer schlecht. Ich hab immer gedacht, das verliert den Reiz, wenn du großartig theoretisierst. Ich hab's versucht, aber es war schwierig. Der eine hat immer von seinen tollen Erfahrungen erzählt und meinte, ich wäre so platt, ich würde mich wie ein Brett verhalten, das hat mich sehr verletzt. Ich hatte große Schwierigkeiten, mich mit ihm darüber zu unterhalten, wie ich es anders machen könnte. Obwohl das eine Möglichkeit gewesen wäre, weil der schon versucht hat, auf mich einzugehen.*

*In der Beziehung haben wir uns nach und nach darüber unterhalten. Irgendwann konnte ich Ralf auch sagen, was mir wichtig ist. Aber meistens konnte ich dann nach einem solchen Gespräch nicht mit ihm ins Bett gehen. Momentan ist es bei mir so, daß ich das Gefühl habe, die Aktivere zu sein. Es ist dann auch oft umgekehrt, daß er nicht so will. Aber er kann das anders signalisieren. Bei ihm würde das nicht vorkommen, daß er ja sagt und nein meint.*

Du hast gesagt, wenn du über deine sexuellen Bedürfnisse geredet hast, hat das auch den Reiz verloren. Das klingt etwas eigenartig, denn so hat es ja auch keinen großen Reiz gehabt, da du nicht sehr viel davon hattest?

*Einen Reiz hatte es für mich schon. Wenn ich keinen Orgasmus hatte, dann bedeutet das nicht, daß ich kalt geblieben bin. Ich hatte schon bis zu einem bestimmten Punkt Lust, aber dann dieses Mechanische, bei dem ich gemerkt habe, ich kriege nichts ab, das hat mich auch wütend gemacht – später erst hab ich das so akzeptiert.*

Als es dich wütend gemacht hat, war das die Phase, in der du angefangen hast, etwas zu verändern?

*Ja, im Urlaub hatte ich so ein Wendeerlebnis. Dann hab ich mit Ralf darüber geredet, daß mir das nicht genügt und daß ich das ändern will. Denn diese Passivität war immer meine Grundhaltung, obwohl ich schon versucht hatte, etwas zu ändern. Es hat dann noch eine Weile gedauert, auch nach dem Gespräch, bis ich mir eine größere Selbstsicherheit angeeignet hatte.*

Ich will noch einmal auf die Gründe zurückkommen...

*In der Beziehung hab ich dem anderen zuliebe einfach auf meine Gefühle nicht geachtet. Das war meine gutbürgerliche Töchtererziehung. Du wußtest, wie du dich zu verhalten hattest, das normale Leben ging einfach in der Sexualität weiter. Ich hatte bis zu einem bestimmten Punkt Erotik und Spaß, nur wie's dann weiterging, da wußte ich keine Alternative für mich und er genausowenig.*

74

*Es blieb dann auf einem Level, der für mich unbefriedigend war, wo ich öfter hätte nein sagen sollen.*

Bei dir war also der springende Punkt der eigentliche Geschlechtsakt, die Penetration?

*Ja, wirklich, dieses Rauf und Runter. Heute ist das auch oft noch so, aber ich fühle mich als Aktive, und das ist dann wirklich ganz anders, weil ich jetzt auch etwas davon habe.*

Wenn du heute über deine sexuelle Anfangsphase nachdenkst, wirst du da manchmal sauer auf dich?

*Ja, ich bin sowieso sauer auf meine ganze Entwicklung, weil so wenig aktiv von mir beeinflußt wurde. Aber es nützt ja nichts. Es ist wichtig für mich, daß ich jetzt an einem Punkt bin, wo ich aktiv damit umgehe. Ich bin schon über dreißig, aber ich fühle mich zum erstenmal wohl und habe das Gefühl, daß ich aktiv mein Leben beeinflusse. Das verläuft parallel zu meiner Sexualität.*

Meinst du, daß das auch mit deiner Erziehung zusammenhängt, daß du anfangs so passiv warst?

*Das glaube ich auf alle Fälle. Ich bin mit meiner Schwester zusammen aufgewachsen, die vier Jahre jünger ist als ich. Meine Mutter war nicht berufstätig, sie war einfühlsam und immer für uns da. Mein Vater war der typische Patriarch, das war einfach so. Ich habe Frauen hauptsächlich erduldend erlebt. Ich denke mir, das hat mich beeinflußt.*

*Als ich gemerkt habe, daß das so nicht weitergehen kann, war es für mich unheimlich wichtig, mich mit der Frauenbewegung auseinanderzusetzen. Obwohl es lange gedauert hat, bis ich ein eigenes Gefühl für mich und das, was ich will, bekommen habe. Bei Frauen, die berufstätige Mütter haben, kann das schon anders sein. Die haben ein anderes Vorbild, die gehen aktiv mit ihrem Leben um, haben eigene Finanzen, und das ist etwas anderes, als wenn du immer von deinem Typen Geld kriegen mußt.*

Pubertät, erste Erlebnisse mit Sex...

*Ich war immer ziemlich vorsichtig, höchstens einen Kuß, ein bißchen Körperkontakt, aber nicht weiter. Aber dann habe ich auch das gewollt, ich hab gedacht, ich muß diese Erfahrung jetzt machen.*

*Irgendwie konnte ich mich vorher immer davor drücken, ich hatte ja auch keine feste Beziehung, die wahrscheinlich zwangsläufig dazu geführt hätte. Dann hatte ich einen Typen, mit dem ich diese Erfahrung machen wollte. Der Typ dachte, daß ich schon mehr Erfahrungen hätte, mit 22 ist das ja auch normal, aber es war eben nicht so.*

*Das Erlebnis war für mich eigentlich gar nicht so schlecht, aber für ihn war's frustrierend, weil er nicht damit gerechnet hat, daß er mich entjungfert. So ein nachhaltig unangenehmes Erlebnis hatte ich nicht. Sexualität war immer schon etwas Angenehmes für mich, gerade das Vorspiel. In der Pubertät war ich enthaltsamer.*

Weshalb?

*Ich hatte Schiß, auf Männer zuzugehen. Ich war nicht gerade eine Schönheit als Teeny, von daher kam es auch selten vor, daß Männer Interesse signalisierten, so konnte ich mich dem auch ganz gut entziehen. Daß ich auf die Idee gekommen wäre, die Aktive zu spielen, war überhaupt nicht drin. Irgendwie hat es sich auch nie ergeben, daß jemand direkt auf mich zugegangen ist oder mit Nachdruck etwas gefordert hätte, wo es dazu hätte kommen können. Ich war auch ein bißchen ein schüchterner Typ.*

Und auf die Entjungferung bist du dann zielstrebig zugegangen?

*Irgendwie wollte ich das. Ich bin natürlich nicht so zielstrebig vorgegangen, aber hatte schon Sehnsucht danach, und dann ergab sich das so.*

Und warum wolltest du das?

*Einfach so, um die Erfahrung zu machen. Ich hab gedacht, ich kann nicht immer warten, ich muß selbst versuchen, dahin zu kommen. Ich konnte mir aber nicht vorstellen, ob das schön ist. Manche erzählten, «Es ist toll», manche, «Ach, es ist nichts Besonderes». Davor wußte ich aber schon, was ein Orgasmus ist, dadurch, daß ich mich selbst befriedigt habe, und dann hatte ich einfach Lust, das auch mit einem Typen zusammen zu machen.*

Also es war nicht aus dem Grund, «oh, Gott, jetzt bin ich schon 22 und hab noch nie mit einem Mann geschlafen»?

*Das kam bestimmt auch dazu. Es war nicht so definitiv, aber das*

*Feeling war dabei. Danach hatte ich mehrere kurze Beziehungen,*
*dann kam die Studentenzeit, und die Sexualität wurde freier. Vom*
*Anspruch her hab ich gedacht, so könntest du auch leben, aber ande-*
*rerseits habe ich mich immer nach einer festeren Beziehung, nach*
*etwas Konstanterem gesehnt. Und jetzt bin ich eigentlich schon zu-*
*frieden. Aber manchmal denke ich auch, daß ich zu lasch bin oder zu*
*träge, mich noch mal auf andere Beziehungen einlassen zu wollen,*
*aber einen Reiz hat das schon für mich.*

Haben wir gehofft, daß durch die Studentenbewegung sowie
durch die erstarkende Frauenbewegung die geschlechtsspezifische Rollenverteilung zumindest in unserer Generation auf-
gebrochen würde, müssen wir uns eingestehen, daß wir von
einer grundlegenden Veränderung noch weit entfernt sind.
Passivität wird nicht allein dadurch behoben, daß die Frau
einen Beruf erlernt und in der Lage ist, sich selbst zu versor-
gen. Weibliche Erziehung zielt darauf ab, daß die Frau in allen
Lebensbereichen funktionieren soll. Dazu paßt es nicht,
wenn sie selbstbewußt und selbstbestimmt nein sagt. Was
bleibt den Ärmsten schon anderes übrig, als den aktiven, for-
dernden Part zu übernehmen, wenn die Frauen sich so passiv
und abwartend verhalten?

Wir können nicht die verinnerlichten Vorstellungen, mit
denen wir aufgewachsen sind, von heute auf morgen über
Bord werfen. Unsere Sexualität ist darin befangen. Der Partner bleibt durch die Passivität der Frau oft genauso unbefriedigt.

Doch haben Männer auch häufig Angst vor aktiven
Frauen. Der Leistungsdruck steigt, die Angst vor dem, was
diese Frau fordern und erwarten könnte, treibt sie wieder in
die Arme der geduldigen, passiven Frauen zurück.

Birgit spricht nicht darüber, daß sie unbefriedigt ist, damit
die Sexualität nicht den letzten Reiz verliert. Als ihr ein Mann
vorwirft, sie verhielte sich wie ein Brett, ist sie verletzt, sieht
aber darin auch den Anfang für ein mögliches Gespräch. Die-

ses Gespräch scheitert jedoch an ihren eigenen Schwierigkeiten, mit ihm *darüber* zu reden. Abgesehen davon, daß der wenig taktvolle Vergleich mit einem Brett nicht gerade auf ein offenes, partnerschaftliches Gespräch hindeutet, ist Birgit zum damaligen Zeitpunkt noch weit davon entfernt, ihre eigene Passivität, allein oder mit Hilfe eines Partners, zu überwinden.

Passivität hat noch eine weitere Komponente: die Bequemlichkeit. Sie könnte einer der Gründe sein, warum Frauen in ihrer passiven Position verharren. So müssen sie sich keine Gedanken machen, die Dinge gehen ihren, oder besser gesagt, seinen Weg. Der Wunsch nach Veränderung einerseits korrespondiert andererseits aber mit der Angst davor, daß die Änderung mit dem momentanen Partner unmöglich sein könnte und somit ein radikaler Umbruch notwendig wäre. *Wenn sie aber ihre Passivität hinnimmt, findet sie sich auch damit ab, widerstandslos ein Schicksal zu ertragen, das ihr von außen auferlegt wird.* (Simone de Beauvoir) Die passive Frau hat die Verfügungsgewalt über ihren Körper dem Mann überlassen, sie wird benutzt und läßt sich benutzen. Die Selbstaufgabe aus Liebe ist keine typisch genbestimmte Fraueneigenschaft, sie ist genauso anerzogen und trainiert wie das gegenteilige, machohafte Verhalten einiger Männer.

# Koste es, was es wolle:
# Die Angst vor Verlust

Heike, 27 Jahre alt, hat seit fünf Jahren eine feste Beziehung. Sie lebt seit einigen Jahren mit ihrem Freund in einer Wohngemeinschaft und arbeitet in einem Frauenprojekt.

*So direkt habe ich das nie erlebt. Als ich jünger war, war es ambiva-*
*lent. Auf der einen Seite Neugier und der Wunsch oder Anspruch,*
*sexuelle Kontakte zu haben, weil es ja irgendwann mal sein mußte,*
*und auf der anderen Seite auch eine Unsicherheit und Angst davor,*
*wie das für mich wird. Ich hab mich darauf eingelassen, aber ab*
*einem bestimmten Punkt – ich hab mit achtzehn zum erstenmal mit*
*einem Mann geschlafen – hab ich nein gesagt. Wenn ich nicht mehr*
*wollte, hab ich eine Grenze gezogen. Das konnte ich klar sagen,*
*aber es war nie so, daß ich eine totale Abneigung hatte.*

*Ich weiß, daß ich in Sachen reingeschlittert bin, wenn ein Typ*
*sich lange genug um mich bemüht hat. Da gibt's bestimmte Erleb-*
*nisse: Mit dem Typ will ich nichts, aber der hat sich so um mich*
*bemüht, kam immer abends und ist mit mir weggefahren, was ich*
*ganz gut fand, da ich auf dem Dorf wohnte. Als es dann soweit war,*
*also nach Monaten, habe ich das gemacht. Ich hab danach auch*
*nichts mehr gemacht mit dem, ich bin halt reingeschlittert, mein An-*
*liegen war das nicht. Es war o.k. für den einen Abend, nur hat der*
*viel mehr da reingebuttert. Danach bin ich auch bei meinem Nein*
*geblieben, aber es war einfach schwieriger, weil er dann immer*
*wollte.*

Hast du es mal erlebt, daß du währenddessen keine Lust
mehr hattest? Also, du bist mit jemandem mitgegangen, hattest auch Lust, mit dem ins Bett zu gehen oder zu schmusen,
und plötzlich hast du mittendrin keine Lust mehr gehabt,
hast aber trotzdem weitergemacht?

*Dann hab ich aufgehört. Das weiß ich noch, daß ich Typen vor*
*den Kopf gestoßen habe, zum Beispiel auf Feten. Das hat sich so*
*ergeben, daß ich da geschlafen habe. Dann hat da noch ein Mann*
*geschlafen, der irgendwann zu mir gekommen ist. Erst fand ich das*
*o.k., aber später ging mir das zu weit, und da hab ich dem ein Ende*
*gesetzt und ihn rausgeworfen. Das war öfter so, anscheinend konnte*
*ich damit umgehen. Ich weiß nicht, ob ich damals Angst hatte, ir-*
*gendwann als eine, mit der man nicht weiterkommt, verrufen zu*
*sein. Solche Gedanken hatte ich schon, aber das war mir egal. Da-*
*mit kam ich schon zurecht.*

Aber an eine konkrete Situation kannst du dich nicht erinnern?

*Nein, weil ich das einfach gemacht habe. Ich hab die Typen aus dem Bett geworfen. Als ich achtzehn war, hatte ich ziemlich viele Männerbeziehungen, immer wechselnd, damals war es ja schon nach vier Wochen eine feste Beziehung. Wenn ich mit Männern länger zusammen war, hab ich schon bestimmte sexuelle Dinge mitgemacht und hab gemerkt, ich will das eigentlich nicht mehr, das widert mich an. Ich hab das dann noch ein-, zweimal gemacht, und dann hab ich mich getrennt, was nicht bruchlos ging. Es war halt schon eine Trennung, mit Verlustängsten und, «Wie geht das weiter» und «Ich mag ihn ganz gerne, aber das will ich nicht mehr».*

Aus dem Grund hast du dann auch Schluß gemacht?

*Ja.*

Und wieso hast du es dann erst noch ein- oder zweimal ertragen?

*Na, weil ich's mittendrin nicht sagen konnte. Anscheinend war mir das zu heikel, ihn total abzustoppen. Wir hatten ja eine Beziehung, das war ja nichts für eine Nacht. Sonst wäre mir das egal gewesen. Wenn ich merkte, er ist körperlich mittendrin und ich bin das nicht, da hatte ich echte Skrupel zu sagen, «so, Schluß, aufhören», das konnte ich nicht.*

Skrupel, weil du den Typ gern hattest oder weil du dich verpflichtet gefühlt hast?

*Beides. Ich dachte mir, das kannst du jetzt nicht machen, so was kannst du nicht bringen, und ich mochte ihn auch ganz gerne, klar. Ja, sicher, ich hab mich bestimmt verpflichtet gefühlt.*

Und später, in längeren Beziehungen oder in deiner jetzigen Beziehung, kennst du es da, daß du etwas machst, wozu du eigentlich keine Lust hast?

*Nein, also bei meiner ersten langen Beziehung, da war ich achtzehn, da wollte ich mit dem ins Bett gehen, das war klar. Ich hatte es auf ihn abgesehen, der war mein Traummann. Das hab ich dann auch gemacht, und es war auch wirklich o.k. Ein Beweis dafür ist für mich, daß ich keine Schmerzen bei der Entjungferung hatte, es* war einfach von mir gewollt. Nach einiger Zeit ging es dann schwieriger mit uns, und ich bin nicht mehr mit ihm ins Bett gegangen. Nach zwei Jahren fand ich es nicht mehr gut, aber ich konnte mich auch nicht von ihm trennen, da war einfach schon zuviel. Ich bin nicht mehr mit ihm ins Bett gegangen, aber einen endgültigen Schritt konnte ich nicht machen, den hab ich erst ein Jahr später machen können.

Habt ihr darüber geredet, warum ihr nicht mehr miteinander ins Bett gegangen seid?

Ihn hat das ziemlich getroffen und gekränkt. Ich hab gesagt, «Ich mag mich nicht mehr von dir küssen lassen, ich finde das eklig», was natürlich ein Hammer war. Wenn wir zusammen ins Bett gegangen sind, also eine Nacht verbracht haben, dann hab ich mich umgedreht und ihm den Rücken zugekehrt. Ich stand unter dem Druck, daß ich nicht wollte, gleichzeitig aber die Beziehung aufrechterhalten wollte.

Da war ich 21, und mir ging's nicht gut. Ich war mit dem Abitur fertig, hatte keinen Studienplatz gekriegt und wohnte in einer Wohngemeinschaft, wo es ziemlich herbe für mich war. Da hab ich einfach auch jemanden gebraucht. Deshalb wollte ich die Beziehung noch etwas aufrechterhalten, weil ich den kannte und er mir vertraut war. Aber ich wollte nicht mehr mit ihm ins Bett, weil mir das wirklich nicht gefallen hat.

Das war ziemlich schlimm für mich, weil das wiederum ambivalent war, du willst was von ihm, du brauchst ihn, willst aber nichts geben. Er hat sich unheimlich verletzt gefühlt. Das Ende der Geschichte war dann, daß er mit einer anderen Frau angebandelt hat und ich echt von den Socken war, obwohl ich mir sehr lang überlegt hatte, mich von ihm zu trennen. Irgendwie hab ich ihn dann noch einmal für mich gewonnen, und kurze Zeit später hab ich mich dann von ihm getrennt.

Wie ist es denn dazu gekommen, daß du dich so vor ihm geekelt hast?

Er war einfach nicht mehr anziehend für mich, also nicht attraktiv. Im ersten Überschwang achtet man ja nicht auf solche Sachen;

*ich fand ihn dann unhygienisch, was mir eigentlich oft egal ist, ich achte auch nicht darauf, wie oft sich jemand wäscht. Aber irgendwann kriegst du einen Rappel und guckst näher hin. Ich denke aber, es ist vorher schon sehr viel gelaufen, und an so etwas macht sich das dann fest – Kleinigkeiten, die völlig unwichtig sind, die aber in dem Moment wichtig werden.*

*Er war auch wirklich nicht mehr attraktiv für mich. Gleichzeitig war ich aber auch so fertig, daß ich keine neue Beziehung eingehen konnte. Jedenfalls konnte ich mir das nicht vorstellen.*

Und wie hast du ihn dann zurückgewonnen?

*Als ich merkte, daß er eine andere Beziehung hat, habe ich zutiefst gelitten. Ich habe gedacht, jetzt fällt alles zusammen. Für Martin war die Reaktion natürlich völlig unerwartet, weil ich ja die ganze Zeit relativ gleichgültig war. Er war für mich nur noch so eine Sicherheit, und auf einmal fing ich an auszurasten. Das war im dritten Jahr. Wie gesagt, er war mein erster Mann, und das hat mir ziemlich viel bedeutet, und dann noch 'ne andere Frau, und so was mir. Mein Stolz war verletzt, und wie. Ich hab dann die Frau mal kennengelernt und hab sie ihm madig gemacht, wie die aussieht und so.*

*Meine Mutter hat auch gefragt, «Was machst du denn für ein Theater? Du machst nichts mehr mit dem, bist total pampig zu ihm. Was geht denn in dir vor?»*

*Na ja, dann hab ich natürlich um ihn gekämpft. Ich bin immer wieder hin, bin wieder mit ihm ins Bett gegangen, da er ja nun wieder attraktiv für mich war. Er hat sich dann wieder auf mich eingelassen, weil das ja ganz nett war. Das war wohl das, was er sich gewünscht hatte.*

*Ich bin dann mit zwei Freundinnen in Urlaub gefahren, und da habe ich einen anderen Mann kennengelernt, einen Franzosen. Das war für mich ein ganz tiefes sexuelles Erlebnis, das war super, obwohl ich mit dem nicht geschlafen habe. Das war für mich so einschneidend, daß ich, als ich wieder nach Hause kam, gedacht habe, ich kann nicht mehr so weitermachen, weil es nicht das ist, was ich will. Ich habe die Beziehung abgebrochen. Das war hart, da ich* mich einsam gefühlt habe. Ich hab noch mehrmals versucht, mit ihm zu reden, aber das hat sich dann so dahingeschleppt. Dann kam auch schon Roland, der sich um mich bemüht hat, aber mir waren beide eigentlich zuviel.

Bist du nur mit ihm ins Bett gegangen, weil er wieder attraktiv für dich war, oder war das ein geplanter Versuch, ihn zurückzugewinnen?

*Ja, natürlich war es ein geplanter Versuch. Natürlich war ich im Bett wieder lustvoller, mir lag ja etwas daran. Aber ich war nicht sexuell erfüllt, das hat mir ja dann auch das Frankreicherlebnis gezeigt. Aber das war für mich in dem Moment zweitrangig.*

Du bist also schon aus Berechnung mit ihm ins Bett gegangen?

*Ja, das kann man so sagen. Aus Berechnung, aber nicht kalt, ich war ja auch auf anderen Ebenen emotional betroffen. Ich war auf keinen Fall kalt, aber ich hatte auch nicht das Gefühl, das ist «der» Mann. Es war eher die Angst vor dem Alleinsein und mein Sicherheitsbedürfnis, mir ging es ohnehin so schlecht.*

*Ich bin vom Charakter her schon so, daß ich auf vieles eingehe. Ich denke, das hängt damit zusammen, daß ich die ältere Schwester war, ganz gut klarkam und Sachen, die ich gemacht habe, immer gut gewesen sind und geklappt haben. Daher hatte ich immer die Rolle der Stärkeren, die auf bestimmte Sachen eingehen kann. Ich denke, das hat ein gutes Moment und auch ein schlechtes. Für mich ist das mit der Sexualität – das heißt, das «Aufeinandereingehen» – und die Diskussion darüber noch nicht abgeschlossen. Ich weiß auch nicht, welche Erwartungen ich jetzt habe. Techniken zum Beispiel sind mir wirklich egal. Was ist denn Sexualität? Sind das Techniken oder ist das nicht vielmehr ein Aufeinandereingehen? Ich habe andere Werte.*

*Was sind meine Wünsche? Ich habe das so gelernt, es gibt ein Vorspiel, dann gibt's einen Coitus, und dann gibt's ein Nachspiel, und so ist das auch in meinem Kopf drin, und so bin ich auch. Dabei kann man Stellungen wechseln, natürlich wird das abgewandelt, aber es ist nicht so, daß ich eine sexuelle Kreativität hätte, die ganz anders ist als die Norm. Die Wünsche sind so geprägt von dem, was du liest: So und so reagiert eine Frau, und ich kann dir sagen, ich reagiere auch so. Meine erogenen Zonen sind die, die alle Frauen haben, jedenfalls werden sie so beschrieben, und wenn du mir den Zeh streichelst, das ist halt nicht so, als würdest du mir den Busen streicheln.*

Meinst du, daß es dir diese Prägung unmöglich macht, noch etwas auszuprobieren oder zu entdecken?

*Zumindest ist es schwierig, deshalb ist auch die Frage so schwierig, was deine sexuellen Wünsche sind. Die sind ja derartig programmiert. Obwohl ich sage, meine Sexualität ist für mich o.k., ist sie trotzdem genormt. Ich hab schon Spaß daran, mit Männern ins Bett zu gehen, ich bin ja auch bei der ganzen feministischen Arbeit nicht davon abgekommen. Es macht mir schon Spaß, und trotzdem ist es so, daß ich nichts Besonderes mache. Ich mache das, was alle machen; dabei gibt es dann wahrscheinlich noch eine emotionale oder psychische Ebene, die eine Rolle spielt.*

Und wie war das während der Pubertät mit Männern?

*Das war schwierig. Ich war immer in einer Freundinnengruppe, die in der Klasse was zu sagen hatte, und zwar schon aus dem Grund, weil die Mädchen attraktiv waren. Ich wollte auch dazugehören, das macht ja eine Frau aus, so habe ich das gelernt. Ich war zwar eine gute Schülerin, aber ich wollte auch attraktiv sein und die damit verbundenen Möglichkeiten haben. Meine Freundinnen waren attraktiv. Das waren die, die mit Männern Kontakt hatten. Ich gehörte zwar dazu, es waren meine Busenfreundinnen, aber ich habe mich nie so auf Männer eingelassen. Ich habe mit fünfzehn oder sechzehn etwas mit einem Typen angefangen, das war wirklich sehr spät. Meine Freundinnen sind schon mit vierzehn oder fünfzehn mit einem Typen in die Kiste gegangen. Das war für mich nicht drin, obwohl ich die Möglichkeit schon gehabt hätte, aber ich hatte davor wirklich Angst. Ich wollte schon von Männern umschwärmt werden, aber ich wollte nicht den Preis dafür zahlen. Das war eine Gratwanderung, die mir auch mit vielen Frusts gelungen ist. Natürlich hatte ich ziemlich viel Liebeskummer.*

Mit sechzehn war da so ein Typ, der ein paar Jahre älter war als ich, dreiundzwanzig, das fand ich furchtbar alt für mich. Das war der Mann in dem Dorf, wo ich immer in der Disco war. Der hat sich für mich interessiert, das war natürlich sehr nett. Gleichzeitig habe ich ihn einer Frau ausgespannt, mit der ich befreundet war, aber es war trotzdem die Bestätigung für mich, sexuell. Der hatte seine Erfahrungen, und ich hatte null Erfahrungen, was ich ihm natürlich nicht gesagt habe. Es war einfach eine Katastrophe. Es ging fünf oder sechs Wochen, dann hat es sich von beiden Seiten aus totgelaufen, da er ganz andere Erwartungen hatte.

Dann hab ich mich noch mal in einen Mann ganz schön verliebt, da war es dann so, daß der mit mir schlafen wollte, aber ich nicht mit ihm. Obwohl ich nicht weiß, ob das vorgeschobene Hemmungen waren, denn ich wollte den schon halten. Gleichzeitig habe ich aber gedacht, ach nee, ich bin zu dick, und hab das vorgeschoben, um in dem Moment zu sagen, «Ich will nicht». Ich hab mir quasi von außen Gründe wie den, daß ich zu dick sei, geholt, damit ich's lassen konnte. Obwohl das eine große Versuchung war, weil mir an dem was gelegen hat und ich schon zu allerhand bereit gewesen wäre. Ich weiß noch, wie ich dasaß und er mich gefragt hat – wir hatten auch ein Zimmer, wo es möglich gewesen wäre – und ich wirklich abgewägt habe, wie das jetzt wäre, wenn ich mich auszöge. Ich hab gedacht, nee, das kann ich nicht bringen.

Da hab ich «nein» gesagt. Es kann auch sein, daß ich diesen Grund vorgeschoben habe, weil ich es nicht wollte.

Danach machte er Schluß, und ich war so verliebt. Ich habe mich dann mit seinen Freunden angefreundet, um so in seiner Nähe zu bleiben. Die verliebten sich in mich, aber ich war nicht verliebt. Die waren in der dreizehnten und ich in der elften Klasse. Ich habe dann geguckt, welche von denen anerkannt waren und welche ich mir davon schnappen könnte. Es ging mehr um das Prestige, obwohl ich die ganz nett fand. Das war eine Phase, in der ich viel mit Männern zu tun hatte und die auch mit mir. Ich war anerkannt.

Hat dich deine Freundinnenclique unter Druck gesetzt, warum du noch nicht mit einem Mann geschlafen hast?

*Nee, eigentlich nicht. Die haben mich schon als Sonderfall ange-*
*sehen, weil für mich immer klar war, wenn, dann muß das der Rich-*
*tige sein. Das habe ich vertreten und habe auch wirklich dazu ge-*
*standen: Ich geh nur mit dem Mann ins Bett, der dann auch der*
*Mann für mich ist. So hab ich es auch gesagt, dann wurde ich mit*
*großen, zum Teil bewundernden Augen angeguckt. Vielleicht*
*wurde ich auch mal belächelt, aber es war in Ordnung. Die hatten*
*mich gern und ich sie auch, sie waren mir wichtig.*

War es denn dann beim erstenmal auch der Traummann?
Hast du das richtig geplant?

*Nee, aber ich hab's darauf angelegt. Ich wollte mit ihm. Ich bin*
*dann mit ihm zusammengezogen in eine Wohngemeinschaft, und*
*ich fand ihn ganz faszinierend. Er war weder schön noch sonstwas,*
*im Gegenteil, in jeder Hinsicht ein Aussteiger. Er war schon ein*
*bißchen älter als ich. Er hat die Schule abgebrochen und nur fotogra-*
*fiert und Gitarre gespielt. Für mich war er faszinierend. Er war*
*ganz anders als alle, die ich kannte, und da habe ich's darauf ange-*
*legt, mit den ganzen Unsicherheiten, klappt es oder klappt's nicht.*
*Es hat sich über ein halbes Jahr hingezogen, bis wir wirklich zusam-*
*men ins Bett gingen, aber ich wollte das.*

*Da war ich achtzehn und hatte schon ein anderes Weltbild. Es*
*mußten nicht mehr die großen Emotionen sein, es mußte auch nicht*
*mehr der Mann fürs Leben sein. Das lief auf eine sanfte Tour, aber*
*ich war hinter ihm her. Konkret angemacht hab ich ihn nicht, das*
*konnte ich damals nicht. Na ja, es ist dann gelaufen, und für mich*
*war's auch das, was ich wollte. Ich wollte nie eine richtig feste Be-*
*ziehung, die hat sich erst später entwickelt.*

Als ihr das erste Mal miteinander geschlafen habt, war es
dann auch o.k.?

*Ja. Ich hatte ihm nicht erzählt, daß ich noch nie mit einem Mann*
*geschlafen habe. Ich dachte mir, das braucht er nicht zu wissen, der*
*soll mich lieber für erfahren halten. Das war mir wichtig, ich konnte*
*das nicht zugeben. Ich konnte mich zwar nicht fallenlassen, ich*
*mußte ja erst mal lernen, was das ist, aber es war wirklich o.k. Ich*
*habe geblutet, da hat er ganz dumm geguckt, und ich habe gesagt,*

*«Ich weiß auch nicht, vielleicht krieg ich meine Tage». Wir haben danach jede Nacht miteinander geschlafen oder geschmust, ich war ständig übernächtigt. Das war ein bißchen viel.*

Heike kann immer dann nein sagen, wenn es sich um flüchtige Bekanntschaften, einmalige Situationen handelt oder wenn es über ihre eigene Grenze hinausgeht. Innerhalb von Beziehungen fühlt sie sich verpflichtet, den Erwartungen des Jungen oder des Mannes nachzukommen, aus Angst, ihn zu verlieren. So wird Martin, von dem sie sich innerlich schon entfremdet hat, für sie in dem Moment wieder attraktiv, wo eine andere Frau ins Spiel kommt.

Auf den ersten Blick scheint Heikes Verhalten unverständlich. Sie empfindet schon vor diesem Ereignis nicht mehr viel für Martin und verweigert sich ihm im Bett. Allein ihre persönliche Lebenssituation und die Tatsache, daß er ihr erster Freund ist, läßt sie an dieser Beziehung festhalten.

Auch wenn wir das kapitalistische Gedankengut noch so weit von uns weisen, kommen wir doch in einer ehrlichen Minute nicht umhin, uns einzugestehen, daß wir – was die Beziehung betrifft – einem gewissen Besitzdenken verhaftet sind. Sex spielt dabei eine wichtige Rolle. Die Sexualität ist das Intimste, das wir mit dem Partner teilen. Bricht eine dritte Person in diese Tabuzone ein, kommt zur Verlustangst auch noch gekränkter Stolz und die erschreckende Erkenntnis hinzu, daß unsere Beziehungen und wir selbst für den Partner nicht einzigartig sind. Sexualität dient in einer solchen Situation nicht selten als Mittel zum Zweck. Berechnend setzen wir unseren Körper ein, um den Partner und damit unser eigenes Sicherheitsgefühl zurückzugewinnen. Das Sicherheitsbedürfnis von Frauen ist dank ihrer Sozialisation meist sehr viel ausgeprägter als das von Männern, da sie gründlich gelernt haben, daß sie alleine weniger respektiert werden als im Duett mit einem Mann.

# Ich habe keine Lust: Machtspiele im Bett

**Martina,** 26 Jahre alt, ist mit ihrem Freund seit etwa drei Jahren zusammen und lebt mit ihm in einer Wohngemeinschaft. Sie hat ein abgeschlossenes Studium und arbeitet in einer Beratungsstelle.

Martina erzählt zuerst von einem Ereignis, das für sie einer Vergewaltigung gleichkommt: Mit siebzehn Jahren, sie ist wegen einer Blinddarmoperation im Krankenhaus, nutzt ein älterer Herr, der sie verzweifelt und weinend auf einer Bank sitzend antrifft, die Gelegenheit, sie, unter dem Deckmäntelchen des Tröstens, zu begrapschen. Wie versteinert läßt Martina dies bis zu dem Punkt geschehen, an dem er ihr unter ihrem Nachthemd zwischen die Beine greift. Da rennt sie in ihr Zimmer und verkriecht sich unter der Decke. Das Ereignis, welches sie nur wenigen Menschen mitgeteilt hat, beeinflußt sie nachhaltig in ihrer Beziehung zu Männern.

*Ich hatte keinerlei Kontakte mehr zu Männern, es sei denn, ich bin selbst auf sie zugegangen. Bekanntschaften oder Freundschaften gab es natürlich, aber das waren alles Beziehungen, in denen der Körper außen vor blieb, also platonische Beziehungen. Das hab ich lange durchgehalten, bis irgendwann die große Liebe kam. Ihm hab ich die Geschichte erzählt, und das war das erste Mal, daß ich mit einem Mann darüber geredet habe. Holger war in dieser Beziehung extrem verständnisvoll, was sehr gut war.*

*Es hat bestimmt drei oder vier Jahre gedauert, bis ich mir selber eingestehen konnte, daß es eine Vergewaltigungsszene gewesen ist, in der ich, aus welchen Gründen auch immer, der passive Teil gewesen bin. Ich nehme an, aus Angst, aus dem Gefühl, überrumpelt zu werden, und aus Unwissenheit, weil ich noch relativ jung war. Letztendlich war ich überfordert, da passierte etwas, was weder in den momentanen Rahmen noch in meinen damaligen Lebensplan hineinpaßte. Ich war überhaupt nicht darauf vorbereitet, daß es Männer gibt, die einfach x-beliebige Frauen angrapschen, ohne*

Rücksicht darauf zu nehmen, ob die Frau in diesem Moment Lust hat oder nicht. Ich habe lange Zeit gedacht, ich sei irgendwie schuld daran gewesen.

Natürlich bin ich schuld, wenn ich mich nicht wehre. Nur ich allein kann mich wehren, wenn ich meine, daß ich mich wehren muß. Heute denke ich mir, es liegt gar nicht in meiner Macht, mich zu wehren, weil es gar nicht meine Sache ist, mich mit so viel Dreistigkeit, Unverschämtheit, Frauenverachtung und Menschenverachtung auseinanderzusetzen. Das ist nicht mein Niveau. Aber ich muß mich damit auseinandersetzen, weil ich hier lebe, und ich muß mich mit den Gegebenheiten mehr oder weniger abfinden. Das tue ich auch, aber mit siebzehn Jahren bin ich dazu nicht in der Lage gewesen.

Ich denke, dieses Erlebnis hat Auswirkungen bis heute. Ich selber habe diese Dreistigkeit erfahren, diese Rücksichtslosigkeit: «Ich bin ein Mann, ich muß einfach auf Grund dieses Umstandes attraktiv sein für eine Frau», egal, ob dieser Mann nun attraktiv ist oder nicht. Und die Frau hat da gefälligst mitzumachen, das heißt, sie muß gar nichts machen, es reicht, wenn sie vorhanden ist. Wenn man das nun auf die Ehe projiziert, ist das noch eine Nummer krasser. Die Ehefrau muß mit ihrem Ehemann ins Bett gehen, dazu ist sie verpflichtet. Andersherum ebenso, allerdings kenne ich keine Frau, die fordern würde, «Los, Alter, geh mit mir ins Bett!» Es ist verdammt wichtig, daß ein Paragraph in dieses Strafgesetzbuch kommt, der diesen Tatbestand «Vergewaltigung in der Ehe» überhaupt aufstellt. Es geht darum, ein Bewußtsein zu schaffen, daß es ganz bestimmte Sachen gibt, die man beim Namen nennen kann.

Es kommt natürlich manchmal vor, daß ich Unlust habe, selbst in einer glücklichen Beziehung wie der mit Bernhard. Da kann ich mit ihm alles machen, aber ich habe dann einfach keine Lust auf irgendwelche Körperlichkeiten. Bernhard kann das oft nicht verstehen, und ich kann das nicht richtig erklären, es ist einfach so ein Gefühl. Ich habe oft das Gefühl, ich müßte jetzt eigentlich Lust haben, weil Bernhard auch Lust hat und ich eigentlich seine Lust befriedigen müßte. Dann denk ich aber auch, was für ein Blödsinn, das ist nicht *mein Problem. Ich reagiere dann häufig extrem und sage wirklich knallhart, «Alter, geh mir vom Acker». Das ist meistens genau der Moment, in dem sich der totale Streß anbahnt, das hängt mit dieser Überreaktion zusammen.*

*Grundsätzlich kann Bernhard natürlich verstehen, «Martina hat keine Lust». Bloß, wenn es auf eine etwas krasse Art und Weise formuliert wird, dann ist es schwer verständlich. Dann gibt es Theater, Streß und Streit, und irgendwann komme ich dann zu dem Punkt, wo ich mir denke, ich bin überhaupt nicht fähig zu einer Liebesbeziehung, in der Körperlichkeit eine große Rolle spielt.*

Ist es dir in deiner jetzigen oder einer anderen Beziehung einmal passiert, daß du trotzdem mitgemacht hast?

*Ja, ich denke schon. In der jetzigen Beziehung zu Bernhard nicht, dazu ist sie zu gut, zu offen, aber vor einigen Jahren ist das durchaus vorgekommen. Irgendein Mann hatte Lust auf mich, und ich bin halt mitgegangen. Nicht mit jedem x-beliebigen, aber zum Beispiel mit Holger, der um diese Geschichte von damals wußte und viel Verständnis gezeigt hat. Holger hatte wesentlich häufiger Lust auf Sexualität als ich. Manchmal hat er sehr gelitten, wenn ich gesagt habe, «Ich habe keine Lust».*

*Das ist häufig zu einem Machtspiel ausgeartet. «Wer hält länger durch» oder «Habe ich die Kraft, dieses Leid mit anzusehen, oder laß ich mich irgendwann bequatschen». Ich habe häufig gewonnen in diesem Machtspiel, aber ich hab auch manches Mal verloren und habe mich bequatschen lassen. Ich habe auch später keine Lust gekriegt, sondern habe gedacht, na gut, o.k., ich bin's der Beziehung und insbesondere Holger schuldig.*

*Heute denke ich, daß es wesentlich besser ist, wenn Bernhard und ich uns mal fetzen und vielleicht die Beziehung in Frage stellen. Es ist für mich zumindest gesünder, im Zweifelsfall zu heftig zu reagieren, aber mein Interesse oder meine Unlust auszudrücken, als gegen meinen Willen mitzumachen.*

Gab es noch andere Gründe, warum du mitgemacht hast außer dem, daß du es Holger oder der Beziehung *schuldig* warst?

*Nein, es sind immer Situationen innerhalb einer sogenannten Liebesbeziehung gewesen. Außerhalb habe ich von vornherein immer abgeblockt. Ich hab mich nie von einem Mann anmachen lassen, das habe ich einfach nicht zugelassen. Andersherum, wenn ich Lust hatte, fand ich es immer in Ordnung. Wenn ich dachte, ach, das ist aber ein gutaussehender junger Mann, hab ich mir grundsätzlich etwas einfallen lassen, wie ich ihn abschleppen konnte. Das fand ich in Ordnung. Aber daß ich abgeschleppt wurde, ist nicht wieder vorgekommen. Das zumindest hat geklappt, das hab ich irgendwie hingekriegt.*

In den Fällen, in denen du Holger nachgegeben hast, wie war das für dich am nächsten Morgen, wenn ihr miteinander im Bett gewesen seid?

*Peu à peu ist die Beziehung daran kaputtgegangen. Neulich in dem* Spiegel-*Artikel über Vergewaltigung in der Ehe war eine Schilderung von einer auf das brutalste und widerlichste vergewaltigten Ehefrau. Die erzählte, «Ich hab das einfach über mich ergehen lassen, und ich habe immer gehofft, hoffentlich ist der Alte bald fertig». Dieses Gefühl, hoffentlich ist er bald fertig, dann hab ich meine Ruhe, das kenne ich, das ist auch in der Beziehung zu Holger öfter so gewesen.*

*Es war, glaube ich, nie so, daß ich dann mit einem absoluten Haßgefühl auf Holger zugegangen bin, ich hab ihn wirklich gerne gemocht. Es bestand halt diese Unvereinbarkeit, daß Holger mehr Lust auf mich hatte als ich auf ihn. Das ist auch austauschbar, Bernhard hat auch mehr Lust auf mich als ich auf ihn, aber mit ihm kann ich anders umgehen als mit Holger.*

Hat Holger denn nie etwas dazu gesagt, hat er nicht gemerkt, daß du nicht wolltest und nur mitmachtest?

*Weiß ich nicht.*

Habt ihr nie darüber gesprochen?

*In der Zeit nicht. Ich hatte immer den Anspruch, als die Beziehung auseinandergegangen war, irgendwann noch einmal darüber zu sprechen. Es bot sich auch häufig die Gelegenheit, vor allem in der Zeit, als ich in F. gearbeitet habe und Holger auch schon in F.*

wohnte und diese Liebesbeziehung zumindest im Ansatz wieder-
auflebte. In der Zeit hatten wir eine glückliche Sexualität. Ich
wollte gerne mit Holger über die Vergangenheit sprechen, aber er hat
es nicht zugelassen. Er kann so was nicht, er ist eben introvertiert.
Da hat es nie Gespräche gegeben, und ich kann auch nicht einschätzen, ob er das gemerkt hat oder nicht. Wenn ich sagen würde, er hat's
nicht gemerkt, würde ich gleichzeitig damit sagen, er sei tumb und
tölpelhaft, ein Elefant im Porzellanladen. Aber das ist er eigentlich
nicht, so wie ich ihn einschätze.

Hast du dich nach diesen Situationen mit Holger dir selbst
gegenüber schuldig gefühlt?

Nein, in der Zeit nicht. Die erste Zeit mit Holger war unheimlich glücklich, und wir haben uns sehr gut verstanden. Wir waren
beide sehr scheu. Wir haben öfter miteinander gevögelt, aber es war
alles sehr reduziert, weil wir beide eine lange Gewöhnungsphase
gebraucht haben. Das hing vielleicht auch damit zusammen, daß
wir, nachdem wir uns zwei oder drei Wochen kannten, zusammengezogen sind und zwangsläufig durch die gemeinsame Wohnung
andauernd zusammen waren. Diese Zeit ist sehr schön gewesen.

Das ging vielleicht ein dreiviertel Jahr oder ein Jahr. In der Zeit
hatten wir beide Lust aufeinander. Irgendwann hat es sich verändert, so daß er mehr Lust hatte und ich viel weniger. Ich habe ab und
zu mitgemacht, ansonsten gab es aber öfter Theater. Ich habe diese
Situation damit kompensiert, daß ich außerhalb der Beziehung
Dinge gemacht habe, die ich wollte.

In der Zeit war ich die Aufreißerin. Ich habe regelmäßig irgendwelche hübschen Männer gesucht und habe sie abgeschleppt. Holger
lag träumend in seinem Zimmer in seinem Bett, und ich mit irgendwelchen hübschen Männern in meinem Zimmer in meinem Bett.
Holger hat das lange Zeit überhaupt nicht mitgekriegt, und ich war
viel zu feige, ihm das zu sagen. Bis dann ein gemeinsamer Freund
sagte, «Martina, wenn du es ihm nicht endlich sagst, dann sag ich
es». Da hab ich gedacht, um Gottes willen, das geht nicht, und hab
es Holger selbst erzählt. Es war eine große Katastrophe. Holger
wollte auswandern und ..., ach, ich will mich gar nicht daran erin-

nern. Es war wirklich fürchterlich, die absolute Überreaktion sei-
nerseits. Er hat das überhaupt nicht auf die Reihe gekriegt.

Auf der anderen Seite habe ich ihm ganz klar gesagt, ich meine
schon, daß ich für mich selber ganz gut einschätzen kann, was ich
tun möchte und was nicht. Die Fälle, in denen ich mit anderen Männern nach Hause gegangen bin, das waren Situationen, in denen ich
Lust auf diesen einen Mann hatte. Zum Teil waren das Männer, die
ich nur einmal gesehen habe, eben genau in dieser einen Nacht und
nie wieder.

Lief das dann auch immer so ab, daß du Lust hattest?

Ja, irgendwie war das so ein Doppelleben, und das war damals in
Ordnung.

Als es Krach gab, hast du zu Holger gesagt, du machst das,
wozu du Lust hast. Du hast das zwar mit den Männern gemacht, die du abgeschleppt hast, aber innerhalb deiner Beziehung ja wohl nicht immer. Aus welchem Grund?

Aus falsch verstandenem Verantwortungsgefühl, würde ich sagen. Verantwortung für eine Beziehung und gleichzeitig für den
Partner in der Beziehung. Dieses falsch verstandene Verantwortungsgefühl, das ist so ein roter Faden, das finde ich nicht nur in
Liebesbeziehungen, sondern in jeglicher Art von Beziehungen immer wieder. Da mache ich genau das, wozu ich keine Lust habe,
aber ich meine, ich bin verantwortlich und infolgedessen muß ich
halt manches auch mit Unlust tun. Wobei es mit Sicherheit einige
Abstufungen gibt. Einige Dinge, die ich mache, sind nicht so gravie-
rend wie andere Sachen. Mit einem Mann zu schlafen, obwohl ich
das nicht will, das ist auf jeden Fall einschneidend. Ich bin in meiner
Integrität durchaus verletzt, und ich verletze mich natürlich selbst,
da betreibe ich keine Schuldzuweisungen.

Pubertät, erste sexuelle Erlebnisse…

Das ist eine heiße Zeit gewesen, weil Kindheit und der Schritt
zum Erwachsenwerden auch gleichzeitig ein anderer Schritt be-
deutete, nämlich vorher in S. zu wohnen und dann nach R. umzu-
ziehen. In S. hatte ich auf dem Land gelebt. R. war zwar auch
Provinz, aber es gab eine Stadt in der Nähe, wo ich die Schule

besuchte. Ich hab das wirklich als Bruch erlebt, in S. war ich Kind, und jetzt muß ich auf einmal erwachsen sein. Komischerweise setzte auch genau zu dem Zeitpunkt meine Regel ein. Ich hab mich damals fürchterlich gefreut. Ich kannte das von meiner älteren Schwester und fand alles sehr aufregend, und es war etwas ganz Besonderes.

Es ging dann nach dem Umzug sofort los, ich hatte gleich meine erste große Liebe. Wie viele große Lieben ich überhaupt hatte, das ist unglaublich. Das waren alles Beziehungen, wo die Jungs, alle älter als ich und Bekannte von meinen Geschwistern, auch ganz gerne mal mit mir ins Bett gegangen wären. Das haben sie aber nie konkret geäußert, und ich bin damals noch gar nicht auf die Idee gekommen. Mit dreizehn oder vierzehn hat mich das überhaupt noch nicht interessiert.

Das erste sexuelle Erlebnis, das sich festgesetzt hat? Also mir hat es Spaß gemacht zu knutschen, ich fand's nett, wenn ich gestreichelt wurde bis dahin, wo die Hose anfängt. Das fand ich wunderbar, konnte es auch genießen, das war alles bestens. Ich war da eher etwas schüchtern und zurückhaltender. Einen Jungen zu küssen, das fand ich in Ordnung, aber einen jungen Mann anfassen, das hab ich mir meistens erst noch einmal überlegt und dann auf morgen vertagt. Das hat damals aber auch keine Probleme gegeben.

Dann hatte ich einen Freund, Karl, da war ich gerade siebzehn geworden, und das war schon eine etwas ernsthaftere Verliebtheit. Karl hatte Abitur gemacht und war nach B. gezogen, darüber war ich ziemlich traurig. Wir sind dann von der Schule aus nach B. gefahren zu einem Theatertreffen. Karl wohnte in einem Studentenwohnheim. Wir hatten abgemacht, tagsüber mach ich die Sachen mit den anderen und abends komm ich dann zu ihm ins Studentenwohnheim und übernachte nicht in diesem Jugendhotel, wo wir einquartiert waren. Das fand ich prima und hab mich wirklich darauf gefreut.

Am ersten Abend hat Karl mich abgeholt, dann sind wir zu ihm in sein Zimmer im Studentenwohnheim gefahren, und es war alles sehr harmonisch und wunderbar. Dann sind wir ins Bett gegangen, und ich bin wirklich – naiv, wie ich gewesen bin – zu Bett gegangen, *weil ich müde war. Ins Bett gehen heißt schlafen, das war wirklich meine einzige Assoziation dabei. Karl hatte offenbar noch andere Assoziationen, er war halt auch etwas älter als ich. Ich legte mich hin, hab Karl noch ein Küßchen gegeben und gute Nacht gesagt. Karl war auf einmal ganz komisch, und ich hab das nicht verstanden. Dann hat Karl sich auch ins Bett gelegt, aber er wollte ganz offensichtlich nicht schlafen, sondern fing an, mich zu streicheln. Ich fand das in Ordnung, ich hätte dabei gut einschlafen können. Irgendwann fragte Karl, ob ich ihn nicht auch mal ein bißchen streicheln wollte. Ich hab gesagt, «Nee, eigentlich nicht». Ich wollte ja schlafen. Es war genauso gemeint wie gesagt, wirklich ganz naiv. Karl fand es gar nicht so toll, daß ich ihn nicht streicheln wollte, und fragte noch mal und noch mal nach. Da hab ich ihm gesagt, «Nein, eigentlich nicht, ich will nur schlafen, aber du kannst mich gerne noch etwas streicheln, ich finde das schön, und so kann ich auch bestens einschlafen».*

*Karl konnte aber nicht einschlafen, und dann stand er aus dem Bett auf und hatte einen ganz großen steifen Pimmel. Ich habe den gesehen und habe gedacht, das darf nicht wahr sein. Ich war völlig von den Socken und konnte gar nichts machen. Ich dachte, mit diesem Karl habe ich nichts zu tun, mit dem will ich auch nichts zu tun haben. Ich war völlig vor den Kopf gestoßen, hab mich hingesetzt und überlegt, was ich jetzt machen sollte. Vorerst hab ich aber gar nichts gemacht, weil mir nichts eingefallen ist.*

*Und dann kam Karl wieder ins Bett und sagte, daß er es doch wesentlich besser und angenehmer finden würde, wenn ich ihn auch einmal streicheln würde. Ich wollte nicht, aber dann hat er doch meine Hand genommen und sie an seinen Pimmel gelegt. Da hab ich gedacht, nein, jetzt geht mir das doch ein bißchen zu weit. Ich habe aber immer noch nichts gemacht. Karl bestand mehr oder weniger resolut darauf, daß ich seinen Pimmel streicheln sollte. Ich habe mich wahrscheinlich fürchterlich dumm angestellt. Jedenfalls bin ich dann nach wenigen Minuten aus dem Bett aufgestanden und wollte erst mal aufs Klo. Ich ging also aufs Klo, und was passiert? Mir läuft ein splitterfasernackter Mann über den Weg. Ich hab gedacht, ver-*

dammt, nicht schon wieder, deswegen war ich doch aufgestanden und wollte aufs Klo gehen, und plötzlich steht da ein nackter Mann. Ich bin zu Karl zurück ins Zimmer gegangen, und da hatte ich dann den Mut zu sagen, «Du, Karl, also, so wie du jetzt bist, mag ich dich einfach nicht leiden, so will ich nichts von dir, so kann ich nichts mit dir anfangen». Karl hat mich gar nicht richtig verstanden damals und fand es natürlich nicht gut. Aber er hat mich in Ruhe gelassen, ich hab geschlafen.

Dieses Erlebnis, so ein großer steifer Schwanz, das hat mich völlig fertiggemacht und geschockt. Ich wollte damit nie etwas zu tun kriegen, das konnte nicht gut sein. Ich war wirklich naiv. Es gab immer wieder Situationen, wo Karl Lust auf mich hatte, es gab sogar Situationen, wo wir beide aufeinander Lust hatten, aber wir haben nie miteinander geschlafen. Wir haben uns angefaßt, uns gestreichelt, wir fanden uns wunderschön zusammen, aber wir haben nie miteinander schlafen können. Das ist ganz komisch, obwohl ich es so in Ordnung finde. Es ist dadurch so etwas von dieser naiven Unverdorbenheit erhalten geblieben, das finde ich schön.

Und wie war es, als du das erste Mal mit einem Mann geschlafen hast?

Das war toll, das war wirklich wunderbar. Da war ich gerade achtzehn geworden und wollte meine Mutter ärgern. Da hatte ich mich in einen netten Mann verliebt, der auch Interesse an mir zeigte. Das fand ich ganz prima. Wir waren zusammen in einer Schul-AG. Er wohnte nicht bei seiner Mutter, sondern hatte eine eigene Wohnung. Jedenfalls habe ich mir an dem Abend gedacht, Martina, du bist jetzt achtzehn, du bist volljährig, und die Mutter wird mit Sicherheit völlig außer sich sein, wenn du diese Nacht nicht nach Hause kommst. Ich werde also nicht nach Hause fahren, sondern bei Helmut übernachten. Wir sind abends zusammen durch die Stadt gezogen, und Helmut fand es völlig in Ordnung, daß ich bei ihm schlafe. Dann haben wir uns ganz brav ins Bett gelegt und geschlafen. Am nächsten Morgen hab ich meine Mutter angerufen und gesagt, «Mama, ich bin nachts nicht nach Hause gekommen». Sie war entsetzt und hat drei Wochen nicht mehr mit mir geredet.

Dann haben wir überlegt, daß es an der Zeit sei, aufzustehen und in die Schule zu gehen, aber dann haben wir gedacht, das bringt's jetzt nicht, wir machen uns mal einen schönen Vormittag. Wir haben im Bett gelegen und ein bißchen geschmust, und irgendwann haben wir miteinander geschlafen, und wir wußten eigentlich beide nicht, was passiert war. Es war wunderbar, Helmut hatte das erste Mal mit mir geschlafen, und ich hatte das erste Mal mit ihm geschlafen, und wir haben es beide nicht fassen können, wir waren völlig sprachlos. Dann haben wir noch sehr lange im Bett gelegen und haben uns genossen, aber irgendwie nichts sagen können. Als wir aufgestanden sind, habe ich einen riesigen Schreck gekriegt, weil das ganze Bett voll Blut war. Ich habe mir aber gedacht, es hat ja nicht weh getan, also ist es in Ordnung.

Es war große Klasse, und das ging noch eine ganze Weile so weiter. Wir sind total auf unsere Körper abgefahren, und ich denke, das lag daran, daß wir uns die ersten waren, und das war toll. Ich wollte gar nicht mit einem Jungen schlafen, ich hätte gar nicht gewußt, warum, wozu, was soll das, und hab auch nie darüber nachgedacht. Und als es dann passiert ist, ist es einfach so passiert, ohne daß ich etwas dazu getan hatte. Es hat mir nicht leid getan, ich fand es wunderschön, aber es war nicht geplant.

Deine Pubertät war also eigentlich recht schön und nicht geprägt von unangenehmen Erlebnissen im sexuellen Bereich?

Ja, das kam erst später, nach der Pubertät. Da gab es schon Situationen, wo von mir gefordert wurde, jetzt will ich mit dir schlafen, und ich nicht wollte, aber vorher nicht.

Die patriarchalischen Machtstrukturen der Gesellschaft fließen auch in eine noch so aufgeklärte und emanzipierte Beziehung ein. Mann und Frau sind gesellschaftskonform sozialisiert, und ihre Beziehungen untereinander sind keine von den Zusammenhängen abgehobenen Inseln.

Die Erziehung zum starken beziehungsweise schwachen Geschlecht läßt sich nicht einfach vergessen oder aufheben, viele Paare werden spätestens in Konfliktsituationen auf die altbewährten Verhaltensmuster zurückgreifen.

Bei Martina und Holger wird die Sexualität zur Machtfrage. Er hat häufiger Lust als sie. Sie läßt sich nicht immer, aber häufig bequatschen. Sie kann dem Druck, den Holgers Leiden erzeugt, nicht standhalten und macht mit, befriedigt seine Lust, ohne sie selbst zu empfinden. Würde er sie dafür bezahlen, könnte man das durchaus als Prostitution bezeichnen. Martinas Racheakte, als sie Männer ihrer Wahl mit nach Hause nahm, um im Zimmer neben Holger ihrer Lust nachzugehen, waren für sie der Beweis ihrer Macht. Konnte sie sich Holger schon nicht widersetzen, so genoß sie es, im verborgenen mit ihren Mitteln diesen erniedrigenden und demütigenden Erlebnissen etwas entgegenzusetzen. Daß sie zu feige war, Holger etwas davon zu erzählen, zeigt jedoch, daß ihre Macht schnell an Grenzen stieß. Alle in einer Beziehung wirkenden Machtfaktoren gehen letztlich auf Angst zurück: vor Schlägen, vor Liebesentzug oder dem Verlust der Sicherheit.

Wie auch in den gesamtgesellschaftlichen Zusammenhängen nutzen diejenigen, die die Macht besitzen, die Angst der Ohnmächtigen zu ihrem Vorteil aus. Jene resignieren in ihrer Angst und finden sich mit der ihnen zugeteilten Rolle ab. Dieter Duhm erläutert: *Der Unterdrückte wird von der Gewalt nicht nur abgeschreckt, sondern auch hintergründig fasziniert... Der Schwache, Verhinderte, Unterdrückte überwindet seine Schwäche also durch die Identifikation mit dem Starken, Brutalen, das ihn fasziniert.*

Ähnliche Mechanismen sind auch in der Sexualität vorstellbar. Das Gefühl, daß sie ihn zum Orgasmus bringt, daß er in diesem Bereich von ihr abhängig ist, kann der Frau die Illusion vermitteln, an seiner Macht teilzuhaben. Sexualität hat hier die Funktion einer Ressource, die verweigert, einge-

tauscht und in Macht umgesetzt werden kann. Die schein-
bare Macht der Frau könnte sich beispielsweise durch eine
mögliche Verweigerung des Geschlechtsverkehrs äußern.
Wendet sie allerdings dieses Mittel an, muß sie meist erkennen, daß der Mann durch subtile psychische oder manifeste
physische Gewalt seine Bedürfnisse auch gegen ihren Willen
durchsetzen kann.

# Wenn es unbedingt sein muß:
# Der erste Schritt verpflichtet

**Sabine,** 26 Jahre alt, ist seit drei Jahren mit Joachim befreundet und wohnt mit ihm zusammen. Sabine studiert ein tech-
nisches Fach.

*Dazu fällt mir eine Geschichte ein, die mir immer noch im Kopf
herumgeht, obwohl sie schon sieben oder acht Jahre her ist. Es kam
allerdings nicht zum Miteinanderschlafen, aber es war auch ein sexueller Kontakt, der mir als solcher in Erinnerung geblieben ist.*

*Das fing in der Kneipe oder Disco in G. an, wo ich mich oft
aufgehalten habe. Da stand eines Abends ein Mann an der Theke,
den ich dort noch nicht gesehen hatte. Wir kannten uns nicht, und er
schien mir eine Ecke älter zu sein als ich selber. Ich war damals
siebzehn. Ich hatte eine lange Mähne mit langen Ponyfransen, die
hatte ich mir aus Jux und Dollerei über das Gesicht gezogen, so daß
ich von vorne und hinten gleich aussah. Das fiel dem auf. Er stand
neben mir, um sein Bier zu bestellen, und weil ich auch da herum-
stand und auch noch geredet habe mit meinem verhangenen Gesicht,
hat er mir mit seiner Hand die Haare aus dem Gesicht gestreift, mich
dann angelacht, und dann kamen wir darüber ins Gespräch.*

*Ich fand ihn sehr nett. Er hat ganz interessante Sachen erzählt von seinem Studium – er hat Germanistik studiert – und von Büchern. Ich war vernarrt in Bücher, ich habe viel gelesen, und das hat mich interessiert. Wir kamen ins Gespräch über Bücher, über bestimmte Sachen, die er für seine Uni und sein Studium lesen mußte und die schwierig waren, umfangreich und interessant.*

*Eine Sache ist mir besonders in Erinnerung, daß er sich ausgiebig über Ulysses von James Joyce ausgelassen hat. Irgendwie ist er mir unter diesem Namen im Gedächtnis geblieben.*

*Dann lud er mich zu sich nach Hause ein. Nachdem wir uns zwei bis drei Stunden unterhalten hatten, hatte ich auch Lust drauf und wollte mit. Er hat mir erzählt, er hätte einen guten Wein zu Hause, besser als der in der Kneipe.*

*Ich bin mit ihm mitgefahren in seinem alten Käfer, und er erzählte mir schon auf dem Weg zu seiner Wohnung, daß er von seinen Freunden Mox genannt würde. Ich sagte, «mox heißt doch bald?» Da fing er an zu lachen und hat mir die Geschichte erzählt, wie es zu seinem Spitznamen kam. Bei irgendeinem Urlaub in Frankreich hatte er sich in eine Französin verliebt, die kein Deutsch konnte, und er konnte kein Französisch. Also haben sie versucht, sich auf lateinisch zu unterhalten. Als es dann zum Beischlaf kam, nachts im Zelt, hat er ihr mitteilen wollen, daß er gleich kommt, und da hat er immer «mox, mox» gerufen. Seine Freunde im Nachbarzelt haben das gehört und sich darüber lustig gemacht, und er hatte für alle Ewigkeiten seinen Spitznamen weg. Irgendwie kam ich auf die Übersetzung, und das fand er unheimlich toll.*

*Dann sind wir in seine Wohnung gefahren, da gab es Wein. Ich weiß nicht mehr, wie der geschmeckt hat, auf jeden Fall haben wir die Flasche leer gemacht, und er hat immer über seinen Ulysses geredet. Besonders interessant fand er diese eine Episode, wo Ulysses anderthalb Stunden scheißt. Das muß wirklich in mehreren -zig Seiten in diesem Buch wiedergegeben sein; ich weiß es nicht, ich hab's nie gelesen.*

*Irgendwann wurde er immer zutraulicher und wollte was mit*

*mir anfangen. Er wollte mit mir schlafen, das hat er zwar nicht direkt gesagt, aber das kam schon dabei heraus. Er setzte sich aufs Bett, irgendwann legte er sich hin, und ich sollte mich zu ihm legen. Ich wollte das nicht, ich hab auch zu ihm gesagt, «Nee, dazu bin ich nicht hergekommen, das ist wohl ein Mißverständnis». Dann fing er an, mich zu streicheln, das hab ich nicht abgewehrt, dann fing er an, mich zu küssen, da habe ich mich zuerst distanziert verhalten, hab dann aber doch mitgemacht, weil ich dachte, er ist ja eigentlich ganz nett und er verdient es nicht, daß man ihn so abstößt.*

*Und dann hat er mich ausgezogen und sich auch, das heißt, erst hat er sich das Hemd ausgezogen und dann mir meinen Pullover übergestreift. Er meinte, ich solle bleiben, aber ich bin aufgestanden und habe gesagt, «Ich möchte jetzt lieber nach Hause, ich finde das nicht gut».*

*Er hat gesagt, «Ja, o.k., ich ruf dir ein Taxi». Ich hab mich dann angezogen und bin schon ins Treppenhaus gegangen und habe mich dort auf die Treppe gesetzt, weil ich dort auf das Taxi warten wollte. Er kam dann, setzte sich zu mir auf die Treppe, küßte mich wieder und meinte, ich sollte nicht so weggehen. Ich hab gesagt, «Die zehn Minuten, bis das Taxi kommt, sitz ich ja nun noch da, aber dann gehe ich weg, du kannst ja schon mal anfangen, dich von mir zu verabschieden».*

*Er ließ nicht von mir, das Taxi kam auch nach einer halben Stunde nicht, nach einer Stunde war's immer noch nicht da. Ich hab ihn aufgefordert, noch mal anzurufen, weil ich wirklich nach Hause wollte. Dann ist er wieder hochgestürzt in seine Wohnung. Ich blieb schön im Treppenhaus sitzen. Nach einer Weile kam er zurück und meinte, daß es jetzt wirklich käme, und er küßte mich wieder, als er sich neben mich setzte. Er meinte, das sei gemein, jetzt sei er bereit und geil, und er wolle jetzt was mit mir anfangen. Ich solle doch so nicht weggehen, und das blöde Taxi solle ich auch sausenlassen.*

*Und dann hat er seine Hose ausgezogen, im Treppenhaus, und hat mich dazu aufgefordert, seinen Penis zu streicheln. Das habe ich dann auch etwas lieblos getan, aber ich wollte halt nicht und habe* gedacht, hier im Treppenhaus bist du jedenfalls auf dem Absprung, so daß du im Notfall auch einfach gehen kannst.

Als wieder eine halbe Stunde vergangen war und das Taxi nicht erschien, hab ich gesagt, er solle mich nach Hause fahren. Er sagte, nein, er könne nicht, er habe zuviel getrunken. Aber dann wollte er mich plötzlich doch nach Hause fahren und sagte, «Na gut, dann komm». Wir setzten uns wieder in seinen Käfer und fuhren Richtung Heimat. Er ruckelte dauernd auf seinem Sitz herum und meinte, er sei jetzt so scharf und fände das wirklich gemein, daß ich einfach so gehen würde, und ob ich was dagegen hätte, wenn er sich wenigstens einen runterholt. «Nee», hab ich gesagt, «da hab ich eigentlich nichts dagegen, wenn du nicht von mir verlangst, daß ich mithelfe.» Da ist er mit mir an einen etwas entlegenen Platz gefahren, hat dort das Auto abgestellt und das Licht ausgemacht und hat sich einen runtergeholt und hat mich dabei angeschaut. Und ich bin im Auto sitzen geblieben und hab gewartet, bis es ihm kam. Dann hat er mich heimgebracht. Das war's.

Hast du den jemals wiedergesehen?

Nein, ich hab ihn nicht wiedergesehen. Das hat mich auch etwas gewundert. Am Anfang habe ich wohl auch die Kneipe gemieden, wo ich ihn getroffen habe, bin dort ein paar Wochen nicht mehr hingegangen. Ich wollte ihn nicht sehen, weil's mir schlagartig unangenehm ins Bewußtsein kam, obwohl ich selber mehr oder weniger unbeteiligt war. Aber ich habe ihn auch später nicht wiedergetroffen.

Und warum ist dir das bis heute noch so im Gedächtnis geblieben?

Das frage ich mich auch manchmal, vielleicht, weil die Situation sich so entwickelt hat, obwohl ich eigentlich nicht wollte und immer gesagt habe, ich will gar nichts mit ihm anfangen, ich will keinen sexuellen Kontakt. Das ging alles zu schnell, ich war dazu gar nicht bereit, und trotzdem ist es halt irgendwie dazu gekommen, daß er vor mir abspritzt. Das war und ist auch heute noch genau der Punkt für mich, wo sich's mir im Inneren sträubt, weil ich das gar nicht sehen wollte, aber ich war dann doch dabei. Vielleicht ist es das.

Als er angefangen hat, dich zu küssen, hast du daran Spaß gehabt, oder hast du eher mitgemacht, weil du dachtest, er verdient es?

*Doch, ich habe schon Spaß daran gehabt, ich dachte von Anfang an, ich hätte die Sache in der Hand, das war immer so meine Grundstimmung. Ich habe immer gedacht, du kannst ja mit ihm reden und dir passiert auch nichts bei dem Mann. Du sagst dann halt, daß du nicht willst, und dann macht er das nicht. Ich hatte einfach so ein Grundvertrauen ihm gegenüber, das durch seine Aktionen überhaupt nicht zu erschüttern war. Ich dachte immer, das kriegst du schon irgendwie in den Griff. Wenn du nicht willst, dann brauchst du nicht. Ich habe in keinem Moment daran gedacht, daß ich vergewaltigt würde, dieser Gedanke war mir völlig fern.*

Bei der Situation im Treppenhaus, als er dich aufgefordert hat, seinen Penis zu streicheln, da hast du vorhin selbst gesagt, das hättest du etwas lieblos gemacht...

*Stimmt, das hab ich auch etwas lieblos gemacht. Ich dachte, wenn ich merke, daß es zu stark wird und daß ihn seine Gefühle übermannen, dann laß ich es wieder sein, dann höre ich einfach auf, ihn anzufassen, und sage, daß es nicht geht.*

Hattest du Lust dabei, hast du ihn gerne gestreichelt?

*Nee, das war so einseitig. Das Küssen hat mir Spaß gemacht, da war ich irgendwie auch beteiligt, aber seinen Pimmel zu streicheln fand ich ganz und gar einseitig. Das hatte nichts mit mir zu tun oder mit meinen Gefühlen.*

War dir das angenehm oder egal?

*Es war mir egal, es war mir auch nicht unangenehm, sonst hätte ich es erst gar nicht gemacht. Unangenehmer war mir später, wie er sich im Auto einen runterholte. Das war mir wirklich unangenehm, ich verstehe eigentlich auch nicht, wieso ich da sitzen geblieben bin, aber es war eben so.*

Du hast zwar erzählt, daß du danach die Kneipe gemieden hast, aber nichts darüber, was in dir vorging und wie du dich am nächsten Morgen gefühlt hast. Hast du noch oft daran gedacht?

*Ja, ich habe noch oft daran gedacht. Am nächsten Morgen, beim Wachwerden, hatte ich ein leichtes Schockerlebnis, das ich schlecht beschreiben kann. Das ist einfach so, wenn man morgens wach wird und einem so langsam zu Bewußtsein kommt, was man in der letzten Nacht erlebt hat. Die Erinnerung daran war mir sehr unangenehm. Ich habe noch bildlich vor mir gesehen, wie sein Samen an die Windschutzscheibe klatschte, das fand ich kein schönes Bild. In den nächsten Tagen kam das immer mal wieder und wurde dann etwas blasser. Ich habe ihn nicht mehr getroffen, das machte es für mich leichter, die Sache abzuhaken und zu vergessen und auch mit niemandem darüber zu reden.*

Hast du dir Vorwürfe gemacht oder Schuldgefühle gehabt?

*Nein. Komischerweise nicht, ich habe nie gedacht, du hast dich falsch verhalten, das hättest du alles gar nicht machen dürfen, das hättest du früher wissen sollen, daß sowieso alles darauf hinausläuft, und dann hättest du eben gleich ablehnen müssen, mit ihm nach Hause zu fahren. Das habe ich wirklich nicht gedacht, weil ich mir was anderes darunter vorgestellt habe. Das hat vielleicht auch damit zu tun, daß ich viel jünger war als heute. Jetzt würde ich es vielleicht anders empfinden. Heute müßte ich schon selber Lust auf einen Mann verspüren, um mit ihm nach Hause zu wollen und das nach so einer spontanen Begegnung auch gut zu finden. Aber damals habe ich das nicht so empfunden. Für mich war das ein interessanter Mann, der gute Sachen erzählt hat und interessante Themen drauf hatte, und das wollte ich einfach vertiefen. Ich bin öfter mal mit jemand von der Kneipe weggefahren, aber nur so aufs Schloß hoch oder zur Aussichtsplattform.*

Als er dir im Auto von seinem Spitznamen und der dazugehörigen Geschichte erzählt hat, ist dir da nicht etwas komisch geworden, daß es vielleicht doch nicht nur ums Reden gehen könnte?

*Ich kann mich noch erinnern, wie ich mich damals gefühlt habe. Das war für mich eine Art Geheimnis, wie Ältere mit ihrer Sexualität umgehen, das war mir noch neu. Der Mann hatte für mich*

*eine gewisse Lockerheit in sexuellen Dingen, die ich interessant fand.*
*Die war mir fremd, weil ich sie selber nicht hatte. Damals war mir das*
*alles noch viel zu wichtig, gerade das Miteinanderschlafen war für*
*mich tabuisiert. Das war das Größte und Höchste, was überhaupt*
*passieren kann mit einem Mann. Aber nur mit einem Partner, also*
*mit jemand, den man gut kennt, sonst nicht.*

*Ich habe das so aufgefaßt, daß das bei ihm anders ist und daß er mit*
*der Sexualität ganz locker umgeht. Das fand ich interessant, sehr*
*kribbelig. Es war halt ganz anders als bei mir, und das hab ich den*
*Älteren natürlich zugestanden. Ich kannte das auch von meinem*
*Bekanntenkreis und von meinen älteren Geschwistern, daß, wenn*
*man über zwanzig ist, sich die Einstellung zur Sexualität ändert,*
*und das fand ich akzeptabel.*

Aber du hast in dem Moment nicht gedacht, daß er jetzt
auch mit dir ins Bett gehen will?

*Nein, das habe ich nicht auf mich bezogen, ganz und gar nicht. Ich*
*habe es damals auch nicht für Aufschneiderei gehalten, daß man halt*
*irgend so einem Küken vormacht, was man für ein toller Hecht ist.*

*Vielleicht ist es so gewesen. Vielleicht würde ich das heute so*
*empfinden, so daß er mich damit überhaupt nicht mehr beeindrucken*
*könnte. Damals fand ich's aber sehr erwachsen.*

Aber es ist doch eigenartig, wenn einem ein Mann, den man
kurz zuvor erst kennengelernt hat, so eine intime Geschichte
erzählt?

*Ja, das würde ich heute sicher so aufnehmen. Damals fand ich das*
*einfach unheimlich erwachsen und ausgereift.*

Warst du betrunken?

*Nein, zu dem Zeitpunkt, als wir weggefahren sind, nicht. Erst*
*die halbe Flasche Weißwein in der Wohnung hat mich ganz schön*
*benebelt.*

Meinst du, daß du deswegen später mit ihm im Auto geses-
sen und dir angeschaut hast, wie er sich einen runterholt?

*Nein, da fühlte ich mich mit einemmal sehr ernüchtert.*

Warum bist du dann sitzen geblieben, obwohl du das nicht
mehr schön fandest?

*Das ist eine ganz schwere Frage. Ich frage mich gerade, ob ich das vielleicht irgendwie zu Ende bringen wollte. Weil ich mir vorstellte, wenn er gekommen ist, dann ist Ruhe, dann macht er nichts mehr, und die Sache ist ausgegessen. Ich bin einfach sitzen geblieben, ich habe nichts anderes gedacht als: Jetzt bleibst du hier und wartest ab. Vielleicht hatte ich Angst, daß er hinter mir herrennt und mich wirklich vergewaltigt, wenn ich aussteige und weglaufe. Da hatte ich vielleicht wirklich das Gefühl, bedroht zu sein, und dachte, wenn ich sitzen bleibe und abwarte, was passiert, kann ich die Sache noch am ehesten beeinflussen.*

Kannst du dich noch erinnern, was du in dem Moment gedacht hast, als er wichste?

*Hoffentlich bist du bald fertig!*

Hatte dieses Erlebnis irgendeinen Einfluß auf andere Situationen und dein Verhalten darin?

*Das ist schwierig zu beantworten. Wenn ich den Typ wiedergetroffen hätte und das für mich hätte relativieren können, dann wäre ich vielleicht auch bereit gewesen, Konsequenzen daraus zu ziehen. So ist es für mich eine einmalige Sache, wo ich im nachhinein immer gedacht habe, daß das normalerweise eigentlich nicht passiert. Das ist nicht der normale Ablauf von Liebe und Partnerschaft und Sexualität. Ich habe nie so eine Beziehung gehabt, in der ich mit einem Mann nur einmal ins Bett ging und es dann vorbei war.*

*Ich habe später noch eine ähnliche Situation erlebt, als ich schon studiert habe. Das war auch wieder in einem Auto, aber da war ich diejenige, die etwas von einem Mann wollte, der sich ablehnend verhalten hat. Ich habe versucht, ihn zu überzeugen, wir haben uns auch geküßt und wild rumgeknutscht. Das fand er wohl auch noch ganz gut und akzeptabel, aber das ging nicht weiter. Ich habe ihn nach Hause gefahren und bin sauer zu mir heim gebraust. Ich weiß nicht, ob ich da an das Erlebnis mit dem Mann dachte. Es war dasselbe noch mal mit umgekehrten Rollen, und ich habe mich anders verhalten. Ich weiß aber nicht, ob das damit zusammenhing, vielleicht hätte ich mich sowieso anders verhalten und wäre gar nicht weiter auf den Mann eingedrungen.*

*Vielleicht bin ich insgesamt etwas mißtrauisch geworden. Nur, wie gesagt, ich habe mich da auch selber zurückgenommen, weil ich dachte, so eine Sache passiert nie wieder.*

Aber ganz vergessen kannst du es doch nicht?

*Nein, vergessen habe ich es bis heute nicht, aber du bist die erste, mit der ich darüber spreche, nach sieben Jahren.*

Gibt es in deiner jetzigen Beziehung auch Momente, in denen du etwas machst, obwohl du es eigentlich nicht willst?

*Ja, die gibt es. Gerade im Bereich Sexualität gibt es Situationen, wo ich eigentlich nicht will und mich dann rumkriegen lasse.*

Rumkriegen – heißt das, daß es dir irgendwann doch Spaß macht, oder gibt's auch Situationen, in denen du einfach mitmachst, ohne daß du Spaß daran hast?

*Die hat es gegeben. An eine Situation erinnere ich mich genau, wo ich nicht wollte und mich irgendwie überreden ließ. Ich habe mitgemacht. Als wir nackt im Bett lagen, kam es zu einem Konflikt, so daß wir beide nicht mehr weitermachen wollten, mein Freund auch nicht mehr.*

*Ich habe vielleicht keine ganz akzeptable Art, das mitzuteilen. Ich sage nicht gleich, «Laß mich in Ruhe» und «Ich will nicht mehr», sondern ich mach dann mit, bis wir nackt im Bett liegen, aber dann mach ich mich platt wie eine Flunder und beweg mich nicht mehr. Ohne mich zu rühren liege ich dann da und lasse den Joachim arbeiten. Irgendwann wird's ihm manchmal selber zu bunt, oder aber ich komme in Stimmung und es macht mir doch Spaß.*

*Es gibt immer wieder solche Situationen, daß ich eigentlich keine Lust habe. Wir sind oft sehr unterschiedlich darin, wann wir aufeinander scharf sind und wie wir das zum Ausdruck bringen. Aber es ist nie so, daß er einen bestimmten sexuellen Wunsch äußert, den ich ablehne. Wir probieren alles mögliche zusammen aus. Manchmal geht dabei die Initiative von mir aus, das ist eigentlich ganz ausgewogen und funktioniert ganz gut. Wenn ich keine Lust*

*habe, dann lasse ich mich entweder noch rumkriegen oder es bleibt
einfach dabei, und es kommt nicht zum Beischlaf.*

Und wenn du dich rumkriegen läßt, ist es danach auch
noch o. k.?

*Dann ist es so, daß ich wirklich Lust empfinde und daß es mir
auch Spaß macht.*

Und wieso läßt du dich rumkriegen?

*Das ist eine komische Sache, ich weiß nicht. Auch wenn ich's
vielleicht nicht so recht zugeben will, spiele ich wohl doch eine passive Rolle in unserer Sexualität. Das heißt, daß ich es normal
finde und vielleicht auch gerne möchte, daß Joachim den Impuls
setzt und daß er seinen Wunsch äußert und mich auffordert, mit
ihm zu schlafen. Dieser Punkt ist deshalb ganz interessant, weil
das für mich wirklich noch ungeklärt ist. Ich möchte schon eine aktive Rolle spielen, und ich möchte auch mal diejenige sein, die das
Signal gibt, «Ich bin scharf, und ich möchte jetzt mit dir schlafen».
Aber ich mache es nicht. Irgendwie kommt es nicht dazu, ich werfe
höchstens meine Angeln aus, so daß Joachim von sich aus den
Wunsch kriegt und dann er wieder derjenige ist, der die Sache in
Gang bringt.*

*Das finde ich komisch, aber bei allem bewußten Nachdenken
darüber, was man fühlt oder was man über Emanzipation liest und
redet, gibt es doch eine Diskrepanz zwischen dem, was man denkt,
und dem, was man macht. Bei mir jedenfalls.*

*Vielleicht müßte man die Schritt für Schritt abbauen. Ich wün-
sche mir, daß ich es irgendwann schaffe, selber aktiv zu sein und
mitteilen zu können, wenn ich scharf bin, oder mich einfach an
meinen Partner hängen und den scharf machen zu können. Aber
ich bin nicht so, ich verhalte mich eher abwartend.*

Pubertät, das erste Mal...

*Da war ich siebzehn. Das war noch vor der Episode, die ich
vorhin geschildert habe. Ich hatte damals einen festen Freund, mit
dem ich schlief. Es war schön, der hat sich anscheinend auch be-
wußtgemacht, daß es was Bedeutsames für mich ist. Es war schon
bedeutsam, ich hatte viele Petting-Erfahrungen mit verschiedenen*

Jungs, aber das war dann schon was Besonderes. Das wußte er und hat sich darauf eingestellt und sich entsprechend verhalten.

Das erste Mal, als wir bei ihm zu Hause waren und sehr zärtlich waren, sagte er, «Also, wir wollen jetzt keine Dummheiten machen». Dann gab es auch immer wieder Gespräche über Verhütungsmittel, und es hat tatsächlich noch ein halbes Jahr gedauert, bis wir miteinander geschlafen haben. Diese Zeit haben wir uns genommen. Es ist mir sehr angenehm in Erinnerung geblieben, daß das so langsam ging, obwohl mein damaliger Freund schon Erfahrungen hatte mit anderen Frauen.

Das erste Mal war es nicht toll. Ich fand Petting schöner, weil es für mich lustvoller war. Beim Petting hatte ich Orgasmen, aber nicht, wenn ich mit ihm schlief. Ich wollte dann, daß er mich vorher oder nachher mit der Hand oder dem Mund zum Orgasmus brachte. Ich wollte auch meinen Orgasmus haben, und den kriegte ich nicht, wenn wir miteinander schliefen.

Als ihr das erste Mal miteinander geschlafen habt, wolltest du das selbst, oder hast du gedacht, jetzt muß es eben mal passieren?

Nein, das wollte ich selbst, ganz bestimmt. Das hatte für mich auch sehr viel mit Liebe zu tun. Ich war verliebt, dieser Mann war sehr wichtig. Ich hatte das Gefühl, daß es dazugehört, daß ich es will, daß ich diese Nähe suche und daß mir Zärtlichkeiten und eben auch mit genau diesem Mann zu schlafen überhaupt nicht unangenehm waren, sondern sehr angenehm. Es hat vielleicht auch damit zu tun, daß wir schon sexuelle Kontakte hatten, bevor wir miteinander geschlafen haben. Ich hatte auch schon ein paarmal bei ihm übernachtet, so daß es mir nicht neu war, neben dem Mann aufzuwachen. Das kannte ich schon.

Hast du Angst davor gehabt?

Ja, trotzdem, es war schon ein mulmiges Gefühl. Ich bin heute eigentlich ganz froh, daß ich schon siebzehn war und nicht erst fünfzehn, weil ich denke, daß ich schon anders damit umgegangen bin. So, daß ich mich auch getraut habe, Wünsche zu äußern und zu sagen, wenn es weh tat. Es hat ein paarmal heftig weh getan. Das war ein neuer Schmerz, den ich nicht kannte, ganz tief im Bauch drin, anders als bei der Menstruation. Da habe ich mich getraut zu sagen, «Nein, hör lieber auf» oder «Es tut jetzt weh». Das hatte aber auch was mit dem allgemeinen Vertrauen zu tun.

Es hätte noch länger dauern können, das war mir nicht wichtig, ob es jetzt mit siebzehn oder achtzehn Jahren passierte. Ich hatte ja vorher sexuelle Erlebnisse gehabt, die ich auch als solche verbucht habe. Das Miteinanderschlafen war nur noch das Tüpfelchen auf dem i.

Habt ihr nach dem ersten Mal, obwohl du dadurch keinen Orgasmus bekommen hast, regelmäßig miteinander geschlafen?

Ja, wir waren danach noch fast zwei Jahre zusammen und haben regelmäßig miteinander geschlafen. Das gehörte in den Bereich unserer gemeinsamen Sexualität. Wir hatten eigentlich keinen Sex mehr, ohne miteinander zu schlafen. Wir haben es immer wieder ein bißchen anders gemacht, haben verschiedene Stellungen ausprobiert, als ich etwas fortgeschrittener war, aber wir haben eigentlich nicht mehr zusammen im Bett gelegen, ohne miteinander zu schlafen. Wir haben allerdings auch nie öfter als einmal miteinander geschlafen. Das war für mich eine viel spätere Erfahrung, daß man es mehrmals hintereinander möchte.

Hattest du zu der Zeit nie Orgasmen, wenn ihr miteinander geschlafen habt?

Nie, damit habe ich auch heute noch Schwierigkeiten. Wenn er eingedrungen ist, habe ich keinen Orgasmus gekriegt, nur durch manuelles Stimulieren oder indem er mich geleckt hat. Es war nicht so, daß ich durch die Penetration an sich einen Orgasmus gehabt hätte. Ich habe, wie gesagt, noch heute Probleme damit. Ich kann bei der Penetration nicht so ohne weiteres einen Orgasmus haben, sondern nur durch irgendwelche Tricks, also, indem ich mich selber mit der Hand stimuliere, während er in mir ist, oder indem wir es in einer bestimmten Stellung versuchen, in der ich besonders gereizt werde.

Und daß der Partner dich stimuliert?

Ja, das gibt es auch. Er weiß ja, daß ich nicht einfach so komme,

*wenn er in mir ist, sondern daß er etwas tun muß oder ich. Und wenn*
*wir einen gemeinsamen Orgasmus haben wollen, dann machen wir*
*das eben so, daß es klappt. Ich habe keine Probleme, quasi zu ona-*
*nieren, wenn wir zusammen sind, das macht mir nichts aus. Des-*
*halb habe ich keine Komplexe. Es funktioniert ganz gut, daß ich*
*mich oder er mich mit den Fingern stimulieren kann, während er in*
*mir ist, und daß wir dann tatsächlich auch zusammen kommen kön-*
*nen. Aber ich frage mich wirklich, wie andere Frauen das machen.*

Die Verbindung zwischen Sabines Interview und dem Begriff Verpflichtung fällt nicht sofort ins Auge. Dennoch sind
darin Aussagen zu finden, die indirekt darauf hinweisen, daß
Sabine sich *Ulysses* verpflichtet fühlte, nachdem sie «den ersten Schritt gemacht» hat. Ihre Einwilligung, mit *Ulysses*
nach Hause zu fahren, wird von ihm als Einverständnis gewertet. Sie denkt an ein Gespräch, er offensichtlich an etwas
anderes. Was sich anhört wie die Beschreibung eines Lehr-
films mit dem Titel *Geh mit keinem fremden Mann mit* ist nicht
mehr und nicht weniger als die konsequente Umsetzung
weiblicher Pflichten, deren erster Grundsatz lautet: «Du
mußt für den Schaden, den du anrichtest (Erektion), auf-
kommen» (Abhilfe schaffen). Sabine hat ihre Pflicht, wenn
auch nur mangelhaft, erfüllt. (Eine bessere Note hätte sie
sicher mit dem vollzogenen Beischlaf erreicht.)
   Ulixes (lat. Name für Odysseus), der Irrfahrer der Meere,
der sich im Trojanischen Krieg *durch Tapferkeit, Klugheit und*
*List, mitunter auch Skrupellosigkeit und Tücke* (Meyers Lexikon) auszeichnet, macht auch in dieser Geschichte seinem
Namen alle Ehre. Klug, listig und ohne Skrupel verfolgt er
sein Ziel. Natürlich kann so ein tapferer Krieger keine Rücksicht auf die Gefühle anderer nehmen. Was zählt, ist einzig
und allein sein Sieg, auch wenn er dabei über seelische Lei-
chen gehen muß.

Um Frauen für solche Fälle gefügig zu machen, wurde neben dem Märchen, daß eine ‹unerfüllte› Erektion für den Mann schmerzhaft sei, vor allem der Begriff der *Pflichterfüllung* erfunden, der auf der Seite der Frauen häufig mit Schuldgefühlen gekoppelt ist. Im Bereich der Sexualität bezieht er sich zum einen auf die eheliche Pflicht des Beischlafs. Ist diese auch nicht ausdrücklich gesetzlich festgelegt, so manifestiert sich diese weibliche Pflicht zum ehelichen Beischlaf im Gesetz zumindest darin, daß eine Vergewaltigung innerhalb der Ehe nicht strafbar ist. Aus dem *Hite-Report: Ich kann es mir nicht leisten, «nein» zu sagen, weil ich rechtmäßig verheiratet bin.* Außerdem gehen Frauen, die einer Einladung auf die berühmte Tasse Tee nachkommen, anerkanntermaßen eine Verpflichtung ein: Wenn eine Frau sich auf diese erste Annäherung einläßt, kann der Mann dies im allgemeinen ungestraft mit einer Einwilligung zum Geschlechtsverkehr gleichsetzen.

Bekanntlich ist dieser Freibrief gleichzeitig der häufigste Grund für eine milde Bestrafung oder einen Freispruch des Angeklagten in Vergewaltigungsprozessen.

## Mach mit mir, was du willst: Frauen geben sich selbst auf

**Christine**, 27 Jahre alt, studiert einen technischen Beruf und bezeichnet sich selbst als emanzipiert. Seit eineinhalb Jahren hat sie eine Beziehung zu Peter, der in einer anderen Stadt lebt.

*Ich habe Thomas besucht, weil ich Lust hatte, mich mit ihm zu unterhalten. Zu der Zeit hatte ich eine Blasenentzündung und von vornherein keine Lust zu Sex, da mir die Scheide so komisch brannte. Da Thomas und ich gewöhnlich miteinander ins Bett gehen, wenn wir uns treffen, hat er mich natürlich gleich anzumachen* versucht, obwohl ich ihm vorher erzählt hatte, daß ich ziemlich starke Schmerzen habe.

Wir saßen nebeneinander auf dem Sofa, und ich habe gesagt, «Nee, ich will das nicht». Aber ich weiß nicht genau, ob ich ganz strikt gewesen bin. Vielleicht habe ich mich manchmal doch ein bißchen drauf eingelassen und war nicht genügend konsequent. Aber dann habe ich «Halt» gesagt, «Thomas, ich möchte das nicht» und «Das tut mir weh». Thomas sagte, «Ach, nur ein bißchen», und er sei auch ganz vorsichtig. Ich wußte ganz genau, daß ich überhaupt nicht wollte, aber er hat immer weiter gedrängt, und ich hab mich irgendwie überrumpelt gefühlt. Ich konnte dann nicht mehr nein sagen. Es war nicht die Angst, daß dann unsere Freundschaft zu Ende sein könnte, sondern ich habe mich vollkommen überrumpeln lassen, war vielleicht doch ein bißchen sexuell angemacht, und dann bin ich mit ihm ins Bett gegangen.

Ich bin vom Wohnzimmer in sein Schlafzimmer gegangen, habe mich ins Bett gelegt, und er ist noch mal ins Badezimmer. In dem Moment wurde mir wieder klar, daß ich keinen Bock hatte. Das hat mir tierisch gestunken. Aber da lag ich im Bett und war schon ausgezogen. Und da hab ich es nicht mehr fertiggebracht, noch etwas zu sagen. Dann ist er auch ins Bett gekommen, und wir haben uns gegenseitig erregt. Dann hat er versucht, ein bißchen in mich einzudringen. Aber das hat wahnsinnig weh getan, und da habe ich gesagt, «Nein, das geht nicht».

Er war dann schon irgendwie fürsorglich, obwohl er mich ja total überrumpelt hat. Er hat sich sehr um mich bemüht, aber dann kam wirklich der absolute Hammer, als er meinte, «Laß es uns doch mal anal versuchen». Das hatte ich mit ihm schon mal gemacht, ich fand es damals allerdings nicht so toll. Ich habe gesagt, «Ja, o. k.», obwohl ich nicht besonders scharf darauf war. Vielleicht dachte ich, daß nun alles egal sei, weil wir ja nun schon mal dabei waren. Ich weiß nicht, ob ich dabei noch einen Widerwillen gespürt habe, ich glaube nicht. Dann haben wir das probiert, und es hat nicht geklappt, es hat mir weh getan, und er hat gemerkt, daß es nicht geht, und ich auch. Wir zögerten erst beide ein bißchen, dann habe ich ihn dazu ermun-

tert, er solle es noch mal probieren. *Irgendwann habe ich mich umgedreht und zu ihm gesagt, er soll es von hinten versuchen. Das hat er
versucht und war ziemlich erregt. Mir war das nur so den Versuch
wert. In dem Moment hatte ich keinen Widerwillen, ich habe auch
nicht leblos dagelegen. Andererseits war ich auch nicht mehr erregt,
im Gegensatz zu vorher. Er hat noch mal versucht, mit seinem
Penis in meinen After einzudringen. Das hat mir tierisch weh getan, und in dem Moment ist alles über mich reingebrochen.*

*In dem Moment kam mir der Gedanke, eigentlich wolltest du das
gar nicht, warum machst du das denn, das ist ja zum Kotzen. Ich
habe unwahrscheinliche Aggressionen gegen ihn entwickelt und angefangen zu heulen. Er hat mich in den Arm genommen und die
ganze Nacht im Arm behalten, was er sonst eigentlich nicht macht.
Am nächsten Morgen bin ich aufgestanden und war irgendwie ganz
traurig. Sonst frühstücken wir immer zusammen, aber da bin ich
ziemlich früh aufgestanden und abgehauen. Danach war ich sehr
genervt, auch ziemlich aggressiv, und zwar auf die ganze Männerwelt. Bei mir wirkt sich das meistens so aus, daß ich das nicht auf
einzelne Männer beziehe, sondern mir selbst als Lustobjekt vor-
komme.*

*Was mir bei ihm noch aufgefallen ist, bei ihm, der ja scheinbar so
aufgeklärt oder emanzipiert ist, wie er in so einem Moment total
seinen Willen durchsetzen will. Das war also der Vorgang, ob es
Konsequenzen gehabt hat, weiß ich nicht so genau. Erst mal war ich
ziemlich sauer auf ihn, hab's ihm aber nie so richtig gesagt.
Einerseits, weil ich erst gedacht habe, den schreibst du ab, andererseits war es vielleicht auch Angst davor, ihn zu verlieren – eigentlich
komisch, nicht? Für mich war bloß vollkommen klar, daß ich mit
ihm nicht mehr ins Bett gehe.*

*Ich weiß nicht, ob es auch Konsequenzen für die Sexualität zum
Beispiel mit Peter hat, daß ich ganz oft unlustig bin, was ich von mir
sonst nicht kenne. Mit Peter war es allerdings von Anfang an ein
bißchen schwierig. Irgendwie denke ich, der erwartet jetzt, daß ich
mit ihm ins Bett gehe, aber eigentlich habe ich keine Lust. Damit
habe ich Probleme.*

*Mit Peter läuft es natürlich nicht so ab, daß er mich zu irgend etwas zwingt. Da läuft es anders ab, weil wir eben ein anderes Verhältnis zueinander haben. Da gibt es auf alle Fälle Verlustängste. Während der Zeit meiner Blasenentzündung, da hatte er ein Verhältnis mit einer anderen Frau. Eigentlich war es kein Verhältnis, aber er war in sie verknallt. Da hab ich zum Teil mit ihm geschlafen, um ihn zu halten, obwohl mir das gerade in der Zeit unheimlich schwergefallen ist. Daher hat es mir natürlich oft nicht richtig Spaß gemacht.*

*Letzte Woche hat er zum Beispiel gesagt, er sei jetzt auch nicht mehr für die Schnellvögelei, sondern ihm sei es das Wichtigste, daß er mich im Arm hat, aber im nächsten Moment versuchte er schon wieder, mich anzumachen. Ich sag dann vielleicht, «Du, ich will aber nicht», und er, «Und ich will aber doch». So was ist beschissen. Wir machen dann zwar beide nichts, aber ich mache mir weiterhin Gedanken, wie er das auffaßt und interpretiert. Ich mache mir zum Beispiel Gedanken darüber, wie unsere Sexualität funktioniert, ob ich mit anderen Leuten mehr Erfolg hätte oder ob er denkt, er hätte bei anderen Frauen mehr Erfolg.*

Du hast vorhin bei der Geschichte mit Thomas gesagt, du seist dann rübergegangen, habest dich ausgezogen und ins Bett gelegt...

*Es kann auch sein, daß er mich schon halb ausgezogen hat.*

Wolltest du da die Nacht bei ihm verbringen, oder hast du gedacht, wir legen uns jetzt ins Bett, und dann gehe ich später nach Hause?

*Das weiß ich nicht mehr so genau. Sonst war es ja immer so, daß ich die Nacht da verbracht habe. Aber als ich im Bett lag und mir an und für sich klar war, daß ich nicht wollte, kann es sein, daß ich mir gesagt habe, danach haust du ab. Ich bin mir aber nicht sicher.*

Du hast eben gesagt, *danach* haust du ab; dir war also klar, da läuft jetzt was im Bett?

*Ja, ja, das war vollkommen klar.*

Kannst du dir selber erklären, warum du ihn, obwohl es

dir keinen Spaß gemacht hat, ermuntert hast, es noch einmal zu versuchen?

*Na ja, vermutlich aus dem Gedanken heraus, jetzt habe ich was angezettelt, jetzt muß ich's auch zu Ende führen. Jedenfalls könnte ich mir das vorstellen. Gerade bei ihm, weil er oft – obwohl ich da nicht seiner Meinung bin – diesen lockeren Spruch bringt, «Erst machen sie die Männer scharf, und dann lassen sie sie fallen». Oder er erzählt von irgendwelchen angeblich koketten Freundinnen. Eine davon hätte es fertiggebracht, in die Kneipe zu kommen, vor den Männern um sie herum zu kokettieren und dann eiskalt nach Hause zu fahren.*

*Obwohl ich da nicht seiner Meinung bin, habe ich mich ihm trotzdem angepaßt. Meine schwache Reaktion kann also damit zu tun haben, daß es mir an Bestätigung gefehlt hat. Das kann ein Grund gewesen sein, warum ich bereit war, darauf einzugehen. Ich will nicht behaupten, daß ich's sonst nicht auch gemacht hätte, aber es kann ein Faktor gewesen sein.*

Warum hast du ihn nie konkret darauf angesprochen, obwohl du so wütend auf ihn warst?

*Ich glaube, ich habe es deswegen nie konkret angesprochen, weil ich mir dieses Hintertürchen offenhalten wollte. Wenn ich ihn hart darauf angesprochen und ihm klargemacht hätte, wie ich das finde, dann hätte ich ihm wahrscheinlich in meiner Wut auch gesagt, daß ich keine Lust mehr hätte, noch mal mit ihm ins Bett zu gehen. So habe ich gedacht, daß es mir vielleicht doch mal ganz recht ist, wenn kein anderer da ist. Thomas freut sich dann, und an und für sich gehe ich ja, wenn ich Lust habe, Sex zu machen, ganz gern mit ihm ins Bett. Aus dem Grund glaube ich, daß ich es ihm nicht gesagt habe.*

*Wenn Thomas kommt, ist vollkommen klar, oder ich setze es voraus, daß er denkt, daß wir zusammen ins Bett gehen. Wenn ich ihn sehe, versucht er es immer wieder. Ich winde mich dann immer irgendwie raus, sage zum Beispiel, «Nee, jetzt nicht». Ich sag nicht, «nie mehr», sondern «Jetzt hab ich keine Lust» oder «Ich hab keine Zeit, ich muß weg». Ich habe mir überlegt, daß es eigentlich an der Zeit wäre, herauszufinden, ob wir ohne diesen sexuellen Beigeschmack befreundet sein können oder nicht. Das fällt mir ein bißchen schwer, ich weiß auch nicht, warum. So wichtig ist er im Moment nicht mehr. Es wäre schade, dann vielleicht noch weniger Kontakt mit ihm zu haben. Aber an und für sich ist für mich klar, daß ich nicht mehr mit ihm ins Bett gehe.*

Du hast gesagt, du seist nachher unheimlich wütend gewesen, warst du auch wütend auf dich selbst oder mehr auf Thomas?

*Ich glaube, in erster Linie auf ihn beziehungsweise auf die gesamte Männerwelt. Ja, ich hatte Selbstmitleid. Ich war unheimlich traurig und dachte, alle Männer sind beschissen. Ich hab's erst mal nicht auf mich bezogen. Die Wut auf mich selbst kam zwischenzeitlich auch auf. Auch heute wäre sie ziemlich stark, aber nicht größer als die Wut auf die Männer.*

Du hast also nicht das Gefühl gehabt, du seist selbst schuld daran gewesen?

*Nein, weil ich ihm das vorher schon ein paarmal gesagt habe. Ich war so über seine Ignoranz verärgert und aggressiv darauf, daß ihm das anscheinend wichtiger war als mein Wohlbefinden. Offensichtlich denkt er, das Wohlbefinden drückt sich nur darin aus.*

Und du warst seitdem nicht mehr mit ihm im Bett?

*Nein.*

Hast du denn danach noch mit anderen Leuten darüber gesprochen?

*Nicht in Einzelheiten, aber ein bißchen habe ich einmal Klaus und Jürgen erzählt. Ich habe ihnen auch gesagt, daß ich so etwas unheimlich schlimm finde. Wir haben darüber geredet, daß Frauen relativ oft mit Männern ins Bett gehen, obwohl sie überhaupt nicht wollen. Klaus konnte nicht verstehen, daß es das überhaupt gibt, er meinte bloß, er hoffe, daß das nicht so oft vorkommt. Darüber habe ich mir lange Zeit Gedanken gemacht. Ich fragte mich, warum ich das mitgemacht habe. Ich hatte den Eindruck, andere Frauen machen das nicht, obwohl das eigentlich nicht sein kann.*

Du hast vorhin angesprochen, daß das eventuell ein Grund dafür sein könnte, daß du mit Peter nicht mehr soviel Lust hast.

*Ja, ich bin jetzt im Moment, aus Anlaß dieses Interviews, am Überlegen, ob es daran liegen könnte, jedenfalls zum Teil. Ich reagiere ziemlich empfindlich darauf, wenn ich weiß, daß Peter geil ist und ich nicht. Das passiert öfter, hauptsächlich dann, wenn wir uns gerade sehen und ich denke, daß er das eventuell erwartet. Ich mache dann trotzdem mit und versuche mich auch selber reinzusteigern.*

Denkst du dann auch konkret an die Situation mit Thomas zurück?

*Nein.*

Bevor das passiert ist, hast du da nicht bewußt darüber nachgedacht?

*Nein, ich glaube nicht. Ich weiß aber nicht, ob das nur mit Thomas zusammenhängt. Es hängt auch mit der Beziehung zu Peter zusammen, weil wir so weit voneinander entfernt wohnen. Wir haben oft das Gefühl, mehrere Wochen kompensieren zu müssen. Da denkst du, du mußt jeden Tag miteinander ins Bett gehen. Aber bei mir kommt es öfter vor, daß ich ein schlechtes Gewissen habe, wenn ich nein sage. Mit Peter gibt es das öfter, und das ist nicht so vollkommen klar für mich.*

Warum hast du denn ein schlechtes Gewissen?

*Weil ich denke, er hat ein Bedürfnis, und ich sage zu dem Bedürfnis nein, ganz klar nein. Da kann man ja auch schlecht einen Kompromiß schließen. Ich kann nicht einfach den Einklang zerstören oder die Zufriedenheit von uns beiden. Wenn ich ja sage, bin oft ich nicht zufrieden, und wenn ich nein sage, denke ich, daß er unzufrieden ist, und das macht mich auch unzufrieden.*

Selbstlosigkeit ist eine Tugend, die sich in der Sexualität oft gegen einen selbst kehrt, indem sie zur Selbstaufgabe wird. Christine bietet dafür ein gutes Beispiel. Bis zu einem bestimmten Punkt, an dem sie zusammenbricht, tut sie kaum etwas anderes, als sich um Thomas' Wohlbefinden zu kümmern, wobei sie sich selbst und ihre eigenen Interessen vollkommen aufgibt.

Ein ebenso lächerliches wie beliebtes Erklärungsmuster,

warum Frauen sich selbst in dieser Weise schaden, ist die Theorie vom weiblichen Masochismus. Die Hartnäckigkeit, mit der sich diese einfältige These im Bewußtsein der Allgemeinheit hält, macht es allerdings nötig, an dieser Stelle einige Worte darüber zu verlieren.

Masochismus ist eine *Bezeichnung für die sexuelle Disposition, bei der eine geschlechtliche Erregung und Befriedigung nur durch Erleiden von Mißhandlungen, die vom Geschlechtspartner zugefügt werden, erreicht wird.* (Meyers Lexikon)

Die Psychoanalyse schreibt den Masochismus eindeutig den Frauen zu. Passivität wird als Ausdruck einer masochistischen Einstellung gewertet. So beschreibt Freud den weiblichen Masochismus als Verbindung des Bedürfnisses, geschlagen und vergewaltigt zu werden, mit der Neigung zur Unterwürfigkeit und passivem Erdulden. Darüber hinaus dehnt die Psychoanalyse den Begriff auf den moralischen Masochismus aus, ... *bei dem unbewußte Schuldgefühle das Bedürfnis nach Strafe auslösen.* (Margarete Mitscherlich-Nielsen)

Diese Ideologie überträgt den Männern das Recht, ja geradezu die Verpflichtung, Frauen zu demütigen und zu dominieren. Frauen wollen ja mit Gewalt genommen werden.

Als Beweis dafür, daß Frauen Lust am Leiden empfinden, werden Berichte über sexuelle Gewaltphantasien herangezogen. So begründet zum Beispiel Dieter Duhm seine (nicht nachgewiesene) Behauptung, daß die meisten Frauen eine Vergewaltigung überraschenderweise als lustvoll empfanden und sogar zum Orgasmus kamen, mit deren unbewußten oder bewußten Vergewaltigungswünschen. Im Gegensatz dazu gelangte Alfred Kinsey schon 1954 bei einer Untersuchung von Vergewaltigungsträumen zu der Annahme: *Andererseits enthalten manche Träume Erlebnisse wie zum Beispiel Vergewaltigung, die die Träumerin nicht wünscht, ja die sie sogar fürchten kann. Man sollte also vernünftigerweise annehmen, daß manche dieser Träume eher Alpträume sind als etwas, das der Frau im Schlafen oder Wachen willkommen sein würde.*

Der Begriff *weiblicher Masochismus* ist demnach eher das Resultat der männlichen Ideologie vom weiblichen Geschlechtscharakter.

Man könnte den Begriff *Masochismus* höchstens als die antrainierte Lust am Leiden definieren, die Frauen die Möglichkeit eröffnet, selbst noch ihrer unterwürfigen, passiven Haltung Lust abzugewinnen, im sexuellen wie auch in allen anderen Bereichen. Das würde bedeuten, daß die Theorie des weiblichen Masochismus von Männern erfunden und aufrechterhalten wird, um als Begründung für die Ungleichbehandlung der Frau zu dienen. Von der anfänglichen Bedeutung der lexikalischen Definition (Orgasmus durch Gewaltanwendung) bleibt dabei aber nichts mehr übrig.

Wie man keinesfalls die devoten Exemplare des männlichen Geschlechts, die es bevorzugen, vor einer Domina zu kriechen, auf alle Männer verallgemeinern kann, sowenig ist es legitim, wirkliche Masochistinnen als zwar extreme, aber typische Vertreterinnen ihres ganzen Geschlechts zu betrachten.

Die Gründe, warum es Frauen schwerfällt, nein zu sagen, sind vielseitig:
- eine passive Opferhaltung
- die Angst vor dem Verlust des Partners
- die Machtlosigkeit der Frau
- das Pflichtgefühl
- das Schuldbewußtsein, von außen herangetragen oder verinnerlicht
- die Aufgabe der selbständigen Persönlichkeit

Hauptsächlich durch die Sozialisation werden systematisch die Steinchen für das Puzzlebild der weiblichen Psyche zusammengetragen. Das Bild, das dabei entsteht, ist zwar äußerlich das eines schönen Schwanes, aber innerlich häufiger das eines seelischen Krüppels. Vielleicht liegt hierin die Begründung dafür, warum Frauen vergewaltigt werden:

nicht, weil sie es insgeheim wollen, sondern weil sie dazu erzogen werden, selbst in einer Situation, in der gegen ihren Willen gehandelt wird, in ihrer Opferhaltung aufzugehen. Cheryl Benard und Edit Schlaffer schreiben darüber in ihrem Buch über Gewalt in der Ehe: *Frauen entziehen sich durch widerspruchslose Unterordnung, passives Dulden, regressiv-abhängiges Verhalten oder durch Feindseligkeit. Sie passen sich an durch Identifizierung mit und Akzeptierung von Sexualnormen, die sie als Person abwerten; durch Instrumentalisierung, das heißt, durch den Tausch ihrer Sexualität oder sexuellen Verfügbarkeit gegen materielle, soziale oder psychische Gegenleistungen und Güter; durch Entpersonalisierung, indem der sexuellen Betätigung ein Wert zugeschrieben wird, der abstrahiert von den beteiligten Personen besteht.*

Nicht nur in der bürgerlichen Ehe finden sich diese Strukturen und Verhaltensmuster, auch innerhalb einer aufgeklärten Beziehung, die die gegenseitige Partnerschaft propagiert.

Das Phänomen, daß Frauen nicht nein sagen können, zieht sich durch alle Generationen und Schichten, genauso wie die Männer, die davon nichts merken wollen, aus allen Schichten kommen. Ob Ehe mit oder ohne Trauschein, Beziehungskiste oder offene Zweierbeziehung, die geschilderten Mechanismen finden sich überall wieder. Sie läßt sich rumkriegen, und er ist es, der darauf drängt.

Gerade diejenigen, die angeblich überhaupt keine Probleme mit ihrer Sexualität haben, machen sich in dieser Hinsicht oft unbewußt selbst etwas vor.

Sind wir auch inzwischen von der in dem Slogan der «Achtundsechziger» Generation, *Wer zweimal mit derselben pennt, gehört schon zum Establishment*, versteckten Forderung nach weitschweifiger Promiskuität aus den verschiedensten Gründen wieder abgerückt, so haben wir andererseits auch keine praktikable Alternative zu den herkömmlichen Normen gefunden.

# Gekränkter Stolz und Cowboymentalität

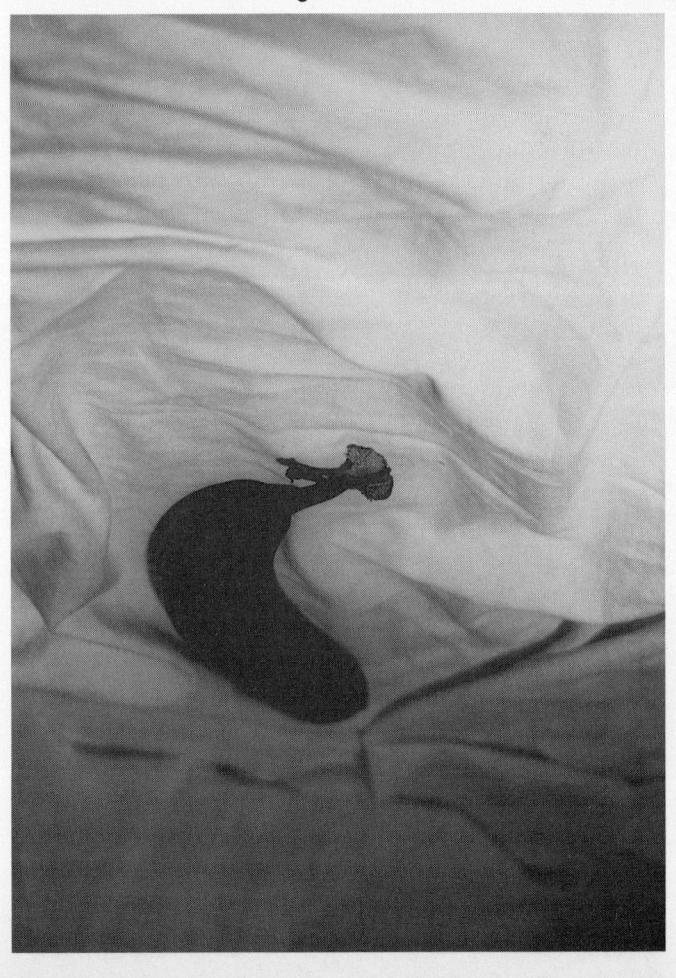

Ist die Frauenbewegung einem tragischen Irrtum aufgesessen? Hat ihr Ruf nach «neuen» statt dessen eine Schwemme von verunsicherten Männern hervorgebracht? Männer, die sich nicht mehr trauen, weil sie sich nichts mehr zutrauen, und nun im Gefängnis der Erkenntnis über ihre Unzulänglichkeit trauern?

Oder hat sich vielleicht überhaupt nichts geändert? Sind die neuen Männer die alten geblieben und haben sich nur mit dem Mäntelchen einer modernen Einstellung getarnt?

Die Männer, die hier zu Wort kommen, wurden weder auf der Straße aufgegabelt noch durch komplizierte Testverfahren als typische Vertreter ihrer Gattung ermittelt. Alle erklärten sich sofort bereit, ein Interview zu geben. Ängste, Unsicherheiten und Befürchtungen kamen jedoch schon in der Gegenfrage «Was willst du denn da wissen?» zum Ausdruck.

Im Gegensatz zu den Frauen, die einfach erzählen sollten, wurden den Männern konkrete Fragen gestellt. Die Antworten sollen Aufschluß über ihr Wissen, ihre Ansichten und Erfahrungen mit weiblicher Sexualität geben. Alle vier sind Studenten beziehungsweise haben ihr Studium abgeschlossen. Außer Christian leben sie seit zwei und mehr Jahren in festen Zweierbeziehungen.


# Vom Nein-Sagen und Ja-Meinen

Wie ist deine Erfahrung oder deine Meinung zu dem Satz
*Frauen sagen nein, meinen aber ja*?

**Christian, 30 Jahre alt:**

*Mir fällt zu diesem Satz herzlich wenig ein. Er ist mir zwar bekannt, er hat sich auch ein bißchen zum Schlagwort entwickelt, man hat ihn immer wieder gehört. Aber ich habe keine Erfahrungen in dieser Richtung. Es war für mich immer sehr eindeutig. Wenn eine Frau mit mir schlafen wollte, hat sie mir das zu verstehen gegeben, und umgekehrt, wenn sie nicht mit mir schlafen wollte, hat sie das sehr eindeutig gezeigt. Ich habe eher aus den Erzählungen von Männern andere Erfahrungen gesammelt. In Gesprächen, die ich mit Männern geführt habe, haben mir einige erzählt, wenn sie ein Interesse hatten, mit einer Frau zu schlafen, seien sie eigentlich diejenigen gewesen, die dargestellt haben, daß sie gar keine sonderliche Lust haben, mit ihr zu schlafen. Das genaue Gegenteil war aber der Fall, sie haben sich nur nicht getraut, das zu sagen. Dabei will ich mich gar nicht ausklammern. Ich habe die gleichen Erfahrungen gemacht.*

Also würdest du den Satz eher so formulieren: Männer sagen nein, meinen aber ja?

*Ja, wobei das Nein nicht so eindeutig ist. Ich glaube, das Beispiel von den Männern ist nicht besonders zutreffend, da gibt es keine entsprechende Parallele.*

**Stefan, 27 Jahre alt:**

*Aus meiner eigenen Erfahrung verbinde ich damit überhaupt nichts. Das erlebt man häufig in irgendwelchen Filmen, da wird oft so dargestellt, Frauen sagen nein, meinen aber eigentlich ja. Also, ich kenn's nur aus Bildern, Büchern, aber nicht im persönlichen Umgang. Ich habe das auch ehrlich gesagt noch nie gedacht. Ich habe noch nie eine Situation erlebt, in der so was aufkam wie «Ich möchte nicht» und «Was könnte dahinterstecken». Auch in Gesprächen ist mir noch keiner begegnet mit so einer Einstellung.*

**Walter, 29 Jahre alt:**

*Ich halte diesen Satz für schwachsinnig. Ich denke, wenn man zusammen schläft, ist eine Ebene erreicht, auf der man sagt, ob man es gerne möchte, oder es zumindest zu erkennen gibt. Ich würde eine Einschränkung darin sehen, daß nach meiner Erfahrung die Erziehung von Frauen oftmals einen hohen Grad von Passivität erzeugt, so daß ich mir schon vorstellen kann, daß Frauen das nicht direkt ansprechen. Meine Erfahrung ist, daß es nonverbal recht deutlich wird, so daß ich mir dann schon sicher bin, daß sie es auch möchte. Aber ich selber bin eigentlich noch nie direkt darauf angesprochen worden, jedenfalls nicht so, daß eine Frau ausdrücklich gesagt hat, «Ich will jetzt auf keinen Fall». Ich selber hab das so direkt noch nie erlebt, aber umgekehrt habe ich schon einmal erlebt, daß eine Frau sagte, «Ich will mit dir schlafen». Ich hab's auch oft erlebt, daß ich derjenige war, der das angesprochen hat.*

**Harald, 27 Jahre alt:**

*Ich denke, daß dieser Satz zunächst mal ein Klischeebild ist. In meiner Erfahrung ist das eigentlich nicht vorgekommen, sondern es ist halt so ein Klischee, daß Männer meinen, daß Frauen immer, gerade bei Sexualität, erst mal nein sagen, aber im Prinzip doch wollen. Vielleicht nehmen sie an, daß Frauen grundsätzlich wollen, was aber bedeutet, daß sie ihnen die Urteilsfähigkeit absprechen.*

*Es hat für mich ein bißchen mit Flirt oder Koketterie zu tun. Ich denke, daß so etwas sehr oft verwendet wird, aber da gibt es auch eine gewisse Grenze. Es macht einfach Spaß zu flirten, kokett zu sein, aber es gibt trotzdem eine Grenze zur Sexualität, und wenn in so einem Fall das Nein kommt, wird es gar nicht mehr ernst genommen, weil die Situation des Flirts vielleicht beim Mann den Gedanken auslöst, «Die kann jetzt gar nicht mehr nein sagen, nachdem sie so weit gegangen ist».*

# Ein Korb kommt selten allein

Hast du schon einmal von einer Frau in einer intimen Situation einen Korb bekommen? Wenn ja, wie kam es dazu, wie ergab sich die Situation, wie bist du und wie ist sie damit umgegangen?

## Harald:

*Das erste, was mir dazu einfällt, ist, daß die Annäherungen zwischen Anette und mir sehr vorsichtig waren. Während ich nach unserem zweiten Treffen schon den Wunsch hatte, ihr sexuell näher zu kommen, hat sie ziemlich eindeutig gesagt, es sei ihr noch zu früh. Das war dann auch für mich klar.*

Du hast von dir aus klar angesprochen, daß du Lust hattest, mit ihr ins Bett zu gehen?

*Nicht verbal, sondern körperlich habe ich das versucht, und sie hat mir verbal darauf geantwortet, daß sie es nicht will. Es gibt eine ganz witzige Situation, in der eine Frau zu mir gesagt hat, «nein», sie hat sogar gesagt, sie will mit mir Schluß machen. Wir waren uns sehr nahe, aber dann sagte sie, nein, sie will mit mir Schluß machen. Wir redeten weiter über andere Dinge, dann kam's wieder zu einer körperlichen Nähe, und dann kam es auch zu Sexualität. Das Nein von vorher wurde quasi aufgehoben dadurch. Sie sagte dann nur noch – und das hat mich ein bißchen stutzig gemacht –, daß sie nicht gedacht hätte, daß das passiert. Ich habe nachgefragt, da sagte sie aber, es sei halt durch die Situation entstanden. Sie hat das Nein, die Beendigung der Beziehung, nicht aufrechterhalten, sondern das ging danach noch weiter.*

Ihr hattet aber auch vorher schon eine Beziehung?

*Ja, aber keine Zweierkiste.*

War es danach eine Zweierkiste?

*Nein. Vielleicht liegt das daran, daß ich dabei sehr vorsichtig bin. Wenn ich das Einverständnis nicht spüre, gehe ich auch nicht weiter.*

**Walter:**

*Natürlich ist es schon vorgekommen, daß ich wollte und sie nicht. Es ist dann auch nichts passiert. Ich habe gesagt, «Wollen wir zusammen schlafen, ich habe Lust», und sie hat gesagt, «Nein». Ich würde sogar sagen, daß das bei Vera schon häufiger vorkam, so eine konstante Unlust, und das ist – schon weil wir über die Dinge offen geredet haben – auch so rausgekommen, daß sie gesagt hat, «Ich hab keine Lust, ich möchte nicht».*

Wie war das für dich?

*Beschissen. Ich meine, wenn man sich gut kennt, läuft das ja oft nonverbal ab, indem man versucht, so eine Stimmung zu erzeugen. Auch auf eine nonverbale Vorbereitung meinerseits kann so eine klare Antwort kommen, weil sie schon weiß, «Aber ich hab keine Lust». Und schon dabei habe ich mich nicht immer gut gefühlt.*

*Es gibt Phasen, wo es einem selbst ziemlich egal ist und man sich sagt, «Na ja, gut, ich bin zwar scharf, aber dann halt nicht». Und es gibt andere Phasen, wo es einem vielleicht mehr bedeutet, wo es eigentlich sehr wichtig ist und man sich dann in seiner Liebe enttäuscht fühlt. Ich habe mich manchmal beschissen gefühlt und manchmal hat's mir nichts ausgemacht.*

Kam da auch so etwas auf wie Verlustängste?

*Ja, ich hatte auf jeden Fall Verlustängste. Nicht generell, aber manchmal bedeutet es ja auch mehr, zum Beispiel in Krisensituationen. Man sucht eine Bestätigung in der Beziehung, und wenn man dann abgewiesen wird, geht das natürlich einher mit Verlustängsten, weil man diese Sachen so verknüpft. Sagen wir mal, man weiß, sie ist noch mit einem anderen Mann befreundet, oder sie hat sich verliebt. Dann glaube ich schon, daß ich mich gerade da auch in dieser Richtung beweisen wollte und daß es dann natürlich auch zu Verlustängsten kam, weil ich mich auch auf der sexuellen Ebene herabgesetzt fühlte.*

*Verlustängste waren bei mir sehr ausgeprägt in der Beziehung zu Vera. Die Beziehung hat unheimlich lange gedauert, acht Jahre. Da steckt ja auch eine ziemliche Dynamik drin. Unsere ersten ge-*

meinsamen sexuellen Erfahrungen waren sicherlich auch davon geprägt. Man ist doch am Anfang, wenn man noch wenig Erfahrungen hat, unsicherer, und ich glaube, daß die Ängste in der Sexualität da eine größere Rolle gespielt haben als später. Ich habe allerdings festgestellt, daß ich am Ende der Beziehung, als die Trennung sich abzeichnete, noch mal Ängste hatte, die hatten aber damit zu tun, daß ich sehr in Selbstzweifel geriet.

### Stefan:

Das war in einer Phase, als ich noch kaum Erfahrungen hatte und die dann wirklich nachholen mußte. Wir lagen zu zweit im Bett und es hat gerade Spaß gemacht, sich gegenseitig zu streicheln, da meinte sie wörtlich, das fände sie zwar ganz schön, aber sie möchte jetzt nicht mehr. In dem Moment war das irgendwie natürlich, und ich fühlte mich auch nicht zurückgesetzt oder in meinen Trieben beschränkt, das war schon in Ordnung für mich. Ich habe nicht mehr weitergemacht oder versucht, es noch auf einem anderen Weg zu erreichen. Das kam irgendwie so gut und ehrlich, das mußte ich einfach akzeptieren.

Das war auch o. k. für dich?

Ja.

Auch für die Frau?

Das nehme ich stark an. Ich weiß nicht, wieviel Überwindung das gekostet haben mag. Aber so, wie ich es damals empfunden habe, kam es relativ locker. Ich hatte nicht das Gefühl, daß sie vorher lange überlegt und gezögert hat.

Kam das überraschend, oder hattest du angefangen, sie an einer anderen Stelle zu streicheln?

Nein. Es kam ganz plötzlich.

Und wie ist es überhaupt dazu gekommen, daß ihr nebeneinander im Bett lagt? War das deine oder ihre Idee?

So seltsam das klingt, es hat sich irgendwie ergeben. Das kam aus dieser Stimmung heraus, ohne vorher abzuklären, wollen wir nun

*und hätte ich Lust oder nicht. Irgendwie im Anschluß an eine Fete
lagen wir da.*

Kanntest du die Frau gut?

*Ich glaube, gut kannte ich in dieser Zeit überhaupt niemanden.
Es war nicht jemand, den ich an diesem Abend kennengelernt habe,
sie war öfter in der Wohngemeinschaft, ich kannte sie vom Sehen
oder von irgendwelchen Feten ein bißchen.*

Hattet ihr schon öfter zusammen im Bett gelegen?

*Es war das erste Mal, es gab danach noch eine ähnliche Situation
eine Woche später, auch mit ihr. Es lief nicht viel ab, auch nur streicheln, und deswegen würde ich nicht sagen, daß das damals ein
Schnitt war, als sie gesagt hat, sie wollte nicht mehr. Wir waren
nicht völlig verunsichert. Es war auch nicht so, daß ich nicht gewußt
hätte, wie ich damit umgehen sollte. In dem Moment war das in
Ordnung, und ich glaube, es war irgendwie auf die Situation bezogen, also kein allgemeiner Hinweis, daß sie prinzipiell nicht mit mir
schlafen wollte. Es gab dann eine Situation, wo es weiterging. Aber
wir haben nicht miteinander geschlafen. Auch das Petting ging nie so
weit, daß wir uns gegenseitig zum Orgasmus gebracht hätten.*

Wie ist es zu der zweiten Situation gekommen?

*Ganz ähnlich. Wir waren an einem See, mehrere Leute zum
Grillen und Trinken. Da war ein Zelt aufgestellt, in dem waren
einige drin. Wir saßen zu zweit im Auto. Es hat sich dann auch
irgendwie ergeben, ohne vorherige Absprache, es kam einfach dazu.
Da gab es diesen Bruch nicht. Wir haben das gemacht, wozu wir
Lust hatten, ohne uns gegenseitig zum Orgasmus zu bringen, und
irgendwann war's beendet. Es war nichts Losgelöstes – jetzt ziehen wir uns ins Auto zurück, streicheln uns und gehen dann wieder
weg –, das ergab sich einfach und genauso blendete es sich auch aus.*

**Christian:**

*Das ist sehr komplex. Ich habe Situationen erlebt, in denen ich verliebt war und die Frau nicht. Da war der Korb recht eindeutig, also eine Absage, weil die Frau kein Interesse hatte.*

*Zum Beispiel ist es mir schon öfter passiert, daß ich mich in eine Frau verliebt habe und sie sich auch in mich, aber daß sie mir einen Korb gegeben hat, weil sie die Beziehung, in der sie steckte, nicht aufgeben wollte. Es ist ziemlich grotesk, ich sage ihr und sie sagt mir, ich bin in dich verliebt, ich habe Lust, mich von dir verführen zu lassen, oder ich habe Lust, dich zu verführen. Aber diese Verführung findet, wenn überhaupt, dann nur im Geiste statt, weil sie sagt, «Ich bin in einer festen Beziehung, und ich will mich davon nicht lösen». Und ich habe die Erfahrung gemacht, daß es wesentlich schmerzhafter ist, so einen Korb zu kriegen, als wenn sie mir ganz klar sagt, «Tut mir leid, ich habe kein Interesse an dir» oder «Ich habe kein sexuelles Interesse an dir». Der Umgang damit ist immer ein bißchen abhängig davon, was ich gerade mache. Wenn ich körperlich arbeite, ist es relativ einfach. Dann kann ich es besser bearbeiten und auch ausleben. Stecke ich in irgendeiner intellektuellen Arbeit, ist es viel, viel schwieriger.*

*Ich kriege das nicht genau auf die Reihe, was dafür verantwortlich ist, warum ich mich so verhalte, also zum Beispiel, warum ich einfach mal traurig oder wütend bin. Da gibt es keine Gesetzmäßigkeiten. Manchmal ziehe ich mich ganz einfach zurück, grummele vor mich hin und lasse mich von niemandem ansprechen. Dann wiederum gibt's die Möglichkeit, daß ich mich bei jemandem ausweinen möchte und alles erzähle. Meistens hilft das allerdings auch nichts, jedenfalls mir nicht. Dann wiederum würde ich am liebsten in den Wald gehen und Bäume fällen.*

In den von dir geschilderten Fällen, in denen ihr beide ineinander verliebt seid, brauchst du dich ja in deiner Eitelkeit nicht gekränkt zu fühlen. Aber in den anderen Situationen, verfolgt dich da der Gedanke, du seist nicht attraktiv genug?

*Ja, ich würde ganz klar sagen, für sie bin ich nicht attraktiv ge-*

nug. *Wobei ich gestehen muß, daß mich das nicht sonderlich in meinem Selbstbewußtsein verletzt. Dazu gibt's ja auch eine Umkehrung. Und ich finde genauso meine Gründe, warum ich eine Frau, die was von mir möchte, abweise. Da kann ich ganz klar sagen, daß ich nichts von ihr will, zum Beispiel, weil sie für mich wirklich keine Ausstrahlung hat, weder sexuell noch intellektuell. Und genauso sicher bin ich mir auch, daß Frauen das bei mir so empfinden, also, daß ich für sie entweder sexuell völlig unattraktiv bin oder daß sie mich, schlicht gesagt, für blöde halten.*

Es gibt also Frauen, die nein sagen können. Alle vier Männer sind schon einmal einer solchen Frau begegnet, alle vier können auch damit umgehen, zumindest hören sie darauf. Auch wenn sie gekränkt oder verletzt sind, so lassen sie ihren Unmut nicht an der jeweiligen Frau aus.

Sind Birgit, Heike, Martina, Sabine und Christine also einfach nur an die falschen Männer geraten? Böse Zungen könnten behaupten, daß dieselben Berichte von der jeweils anderen Seite durchaus anders ausfallen könnten. Doch läßt sich dieser Einwand auch für die Interviews mit den Frauen letztlich nicht völlig entkräften.

# Einfach weitermachen?

Hast du schon einmal, während oder nachdem du mit einer Frau im Bett warst, gemerkt, daß sie eigentlich gar nicht mit dir schlafen wollte?

**Walter:**

*Also, bei meinen ersten Freundschaften zu Frauen – da war zum Beispiel Bettina – hatte ich schon das Gefühl, daß sie manchmal ja sagten und nein meinten, aber das lag noch auf einer pubertären Ebene. Mir fällt ein, daß ich da unheimlich forsch und fordernd war, ich wollte halt weiterkommen. Da muß ich so fünfzehn gewesen sein. Ich habe im Grunde schon gemerkt, daß sie hin- und hergerissen war. Sie hat mich nicht so toll gefunden oder nicht so gerne gehabt, das war eigentlich keine Beziehung. Sie hat da eine gewisse Ablehnung aufgebaut, das heißt, sie wollte es nicht zu mehr kommen lassen.*

*Beim Petting, das ich oft provoziert habe, hatte ich eigentlich schon ein etwas ungutes Gefühl, auch danach, daß sich so eine Distanz aufbaute. Erst ging es, und sie fand das nach einiger Zeit auch scharf, aber danach war wieder so eine Distanz da. Die Beziehung hat auch nicht lange gehalten, sondern ging dann in die Brüche. Sie hat nie ja gesagt. Natürlich hat sie auch nicht gesagt, «Komm, zieh doch die Hose noch aus». Da hat sie nein gesagt und sich gewehrt. Ich bin immer nur bis zu ihrer Bluse vorgedrungen. Das ist vielleicht so ein Fall, wo ich sie zu etwas gedrängt habe, was sie im Grunde gar nicht wollte, weil sie sich noch nicht reif genug gefühlt hat.*

*Die Erfahrung selbst wollte sie, glaube ich, schon, das habe ich immer gespürt und später auch bestätigt bekommen. Als wir schon getrennt waren, sagte sie, daß die Beziehung zu mir für sie unheimlich wichtig gewesen sei, weil ich ihr durch mein Fordern und meine draufgängerische Art ihre Angst genommen hätte. Das hat sie erst zwei bis drei Jahre später als erwachsene Frau gesagt, so daß ich schon meine, daß es stimmte.*

Hast du das später noch einmal in deinen festen Beziehungen erlebt?

*In dieser direkten Form nicht. Das ist eine schwierige Frage. Bei Vera habe ich es unheimlich oft erlebt, daß sie passiv war. Diese Passivität zog sich durch unsere ganze Sexualität. Daher ist es für* mich schwierig zu beurteilen, ob ich das jedesmal mitgekriegt habe, wenn sie nein gemeint hat. Wenn sie nein gesagt hat, so ehrlich war unsere Beziehung, dann war das auch klar. Aber ich kann mir gut vorstellen, daß sie vielleicht auch sonst manchmal nicht wollte oder sich nicht so gefühlt hat und es trotzdem dazu kam, weil diese eindeutige Ablehnung nicht gekommen ist.

Aber du hast es nicht konkret gemerkt?

*Das könnte ich mir gut vorstellen, denn das geht ja noch weiter. In der Art, wie's abgeht oder nicht, stecken ja auch nonverbale Antworten drin. Wenn wir zusammen geschlafen haben, kam es oft zu unbefriedigenden Situationen für uns beide.*

*Ein grundsätzliches Phänomen in der Beziehung – im Gegensatz zu der jetzigen mit Jutta – war die Tatsache, daß es für Vera nie klar war, ob sie währenddessen noch Lust bekommt oder nicht. Das ist eine Sache, die mich erst richtig verblüfft hat, als ich dann mit Jutta zusammen war: diese Fähigkeit, selber geil und scharf zu sein, das auch zu zeigen und damit überhaupt keine Schwierigkeiten zu haben, wenn wir zusammen schlafen, das schön zu finden. Bei Vera war das wirklich offen. Es war völlig klar, daß sie nur durch ein unheimlich langes Vorspiel scharf wurde und manchmal eben auch nicht.*

*Ich fand das immer schön, so ein Vorspiel, das läuft eigentlich mit Jutta auch so ab, aber unter ganz anderen Vorzeichen. Es ist völlig klar, wenn Jutta und ich zusammen ins Bett gehen, dann sehen wir uns gegenseitig an, daß wir scharf sind. Das ist dann auch wirklich ein Vorspiel, das Spaß macht und dazugehört. Bei Vera hatte ich oft das Gefühl, das ist die Feuerprobe, ob es überhaupt zum Beischlaf kommt oder ob sie trocken bleibt und lustlos und das Ganze wie ein Kartenhaus zusammenfällt. Es gehörte zu der Sexualität dazu.*

*Ich glaube, daß Veras Unfähigkeit, von vornherein nein zu sagen, zur Folge hatte, daß dann ihr Körper nein sagte. Am Anfang habe ich mir selbst die Schuld daran gegeben, «Du bringst es nicht» oder «Du kannst es nicht und deswegen wird sie nicht scharf dabei». Heute bin ich mir gerade durch die Erfahrung mit Jutta eigentlich sicher, daß es eher andersherum war, daß sie sich über ihre eigenen*

*Lust- und Unlustgefühle oft nicht im klaren war. Vielleicht lag es an ihrer Erziehung.*

Vorhin hast du erwähnt, sie habe oft nein gesagt. Aber so wie es jetzt klingt, war es wohl genausooft der Fall, daß sie nichts gesagt hat?

*Da muß ich dir recht geben. Wenn ich gefragt habe, «Wollen wir zusammen schlafen?», dann hat sie wohl oft ja gesagt, aber ihr Körper hat nein gemeint. Wir beide sind auch in unserer sexuellen Beziehung ein ganzes Stück erwachsen geworden. Sie war so passiv, daß sie oft nichts sagte, obwohl sie nicht wollte. Später, als die Sexualität nicht mehr so einen großen Stellenwert hatte, hat sie häufiger gesagt, «Ich habe heute keine Lust». Die Sexualität hat sich im Laufe der Beziehung unheimlich verändert.*

Und in deiner jetzigen Beziehung kennst du das nicht?

*Doch, ich kenne solche Situationen auch, aber die bilden die absolute Ausnahme, und sie sind wechselseitig. Ich zum Beispiel bin ein absoluter Morgenmuffel, und es ist für mich äußerst schwierig, morgens so eine Sensibilität und damit verbunden auch Lust aufzubringen. Ich muß wirklich hellwach sein und ganz sensibel für Sex, daß ich ihn genießen kann.*

*Da kann ich mich an eine Situation erinnern. Bei Jutta verhält es sich diametral entgegengesetzt. Sie ist morgens immer unheimlich geil und scharf. Am Anfang unserer Beziehung, als es noch nicht abgeklärt war, daß man das ehrlich sagt, wenn man keine Lust hat, kam es einmal zum Beischlaf, das war für mich unheimlich unbefriedigend. Wir waren sehr erstaunt darüber, weil es von Anfang an eigentlich eine sehr befriedigende Sexualität war. Und plötzlich hab ich dann mit dieser Morgennummer so einen Einbruch erlebt, der mich natürlich frustriert hat, und ich habe mich ganz beschissen gefühlt, weil ich es trotzdem gemacht habe.*

*Es gab auch eine Situation, in der es umgekehrt war. Es ist ganz merkwürdig, es kommt dann bei uns eigentlich gar nicht mehr zum Zusammenschlafen, sondern wir kriegen uns dann schon im Vorfeld in die Wolle. Und da hatte ich das Gefühl, es war eigentlich klar, daß Jutta gar nicht mit mir schlafen wollte, weil sie so sauer und aggressiv auf mich war, daß sie im Grunde nur durch mein Fordern darauf einging. Weil es aber sonst gefühlsmäßig deutlich anders ist, habe ich es vorher gemerkt, so daß es nicht zum Zusammenschlafen kam. Aber wir lagen schon ausgezogen und gewaschen im Bett, als wir merkten, daß es für'n Arsch war, und wir uns erst mal anständig streiten mußten. Das gab es, glaube ich, zweimal, wobei ich von einem Mal mit Sicherheit weiß, daß wir nicht miteinander geschlafen haben, beim zweitenmal weiß ich es nicht mehr genau. Es kann auch sein, daß wir's da erst hinterher gemerkt haben. Aber beide Male haben wir darüber gesprochen, und es wurde uns auch bewußt, daß das wohl nichts war.*

**Harald:**

*Ja. Vielleicht ist es gerade in Beziehungen schwieriger, nein zu sagen beziehungsweise es zu akzeptieren. Wenn dieses Nein nicht klar geäußert wird, dann ist es mir schon passiert, daß ich mit einer Frau geschlafen habe und erst hinterher gehört habe, daß sie es gar nicht wollte und nur meinetwegen mitgemacht hat. Das ist ziemlich schockierend, dann fühle ich mich ganz schlecht und mache ihr gleichzeitig den Vorwurf, daß sie es nicht gesagt hat. Manchmal habe ich es auch gemerkt, während wir miteinander geschlafen haben, daß sie eigentlich nicht will, und trotzdem hab ich weitergemacht. Auch Anette hat sich in solchen Fällen hinterher ziemlich schlecht gefühlt, weil sie es zugelassen hat.*

Und wie hast du dich danach gefühlt, wenn du es selbst schon gemerkt hattest?

*Also, so richtig gemerkt habe ich es immer erst hinterher. Ich habe es eher unbewußt wahrgenommen, und erst als sie's mir sagte, wurde es mir auch bewußt. Das heißt eigentlich nur, daß ich die Zeichen, die sie gegeben hat, nicht beachtet habe. Auf der einen Seite hatte ich ein ziemlich flaues Gefühl im Bauch, aber auch ein bißchen Trotz, «Wenn du nicht sagst, was du willst, dann unternehme ich gar nichts mehr und warte, bis du die Initiative übernimmst». Andererseits war ich aber auch unsicher. Das heißt, daß ich bei den nächsten sexuellen Kontakten mit ihr besonders auf solche Anzeichen geachtet habe, und das stört irgendwie, dann ist man nicht so sehr bei der Lust und beim Spaß und bei der Erregung.*

Hast du dann bei den nächsten sexuellen Kontakten gewartet, daß sie den Anfang macht?

*Nein, diese Reaktion kam im ersten Moment, nachdem sie das gesagt hat. Irgendwann habe ich wieder die Initiative ergriffen. Auf Grund dieser Unsicherheit begann ich aber, genauer zu gucken, und habe dabei vielleicht manchmal Zeichen falsch interpretiert oder überbewertet.*

Du hast vorhin gesagt, daß es in Beziehungen schwieriger sei, nein zu sagen. Weshalb?

*Weil eher dieses grundsätzliche Einverständnis angenommen wird. Ich denke, so eine Unsensibilität kommt daher, daß man grundsätzlich ein Einverständnis voraussetzt und dann gar nicht mehr guckt, was in diesem Moment los ist. Ich denke, daß das in Beziehungen eher der Fall ist, als wenn man jetzt jemand kennenlernt, wo man erst herausfinden muß, ob dieses Einverständnis da ist.*

Auf der anderen Seite könnte man denken, in einer längeren Beziehung sei es viel leichter, über die gemeinsame Sexualität zu reden als mit jemandem, den man gerade kennenlernt. Von daher müßte es doch einfacher sein, über so etwas zu reden oder es zum Ausdruck zu bringen?

*In unserer Beziehung hat es sehr lange gedauert, bis wir darüber reden konnten. Eigentlich haben wir erst damit angefangen, als wir schon zwei Jahre zusammen waren. Vorher haben wir über unsere Sexualität kaum geredet. Ich weiß nicht, was der konkrete Auslöser war. Ich wollte das schon immer, und wir haben es auch mal versucht. Aber da wollte sie mir nicht antworten. Statt dessen hat sie mich das gleiche gefragt und dann habe ich gesagt, «Wenn du mir nicht antwortest, dann antworte ich dir auch nicht». Ich frage sie, «Wie ist das für dich, wenn ich dich streichele?» oder «Wie ist das für dich, wenn ich mit dir schlafe? Was magst du daran, was nicht», und so weiter. Dann antwortet sie mir, ja, sie mag es oder sie mag es nicht, aber eigentlich genügt mir das nicht. Wenn ich so überlege, dann merke ich, wie schwer es mir auch selber fällt zu sagen, warum ich etwas mag oder nicht, oder was ich daran mag.*

*Es ist immer noch schwierig, aber wir versuchen es mehr als vorher. Ich denke, daß es weniger mit sexuellen Schwierigkeiten zusammenhängt, sondern damit, daß ich mehr wissen wollte und auch Phantasien entwickeln wollte, wie wir unsere Sexualität gestalten und ausweiten können. Ich hatte den Wunsch, die gewohnten Muster zu verlassen, neue Dinge auszuprobieren, und in diesem Zusammenhang wurde es noch wichtiger für mich. Da gab's dann auch so ein Einverständnis, sie wollte das auch. Trotzdem ist es immer noch schwierig, darüber zu reden, auch weil es je nach Situation ganz unterschiedlich ist: also an einem Tag lieber das, am anderen Tag lieber das.*

Du hast also auch von dir aus sexuelle Bedürfnisse und Wünsche angesprochen? Auch in früheren Beziehungen?

*Ja, weniger angesprochen als versucht, den sexuellen Kontakt praktisch zu verändern. Also, wenn mir etwas nicht gefällt, deutlich zu machen, daß es mir nicht gefällt und daß ich irgendwas anderes will.*

Das geht auch im allgemeinen?

*Ja, eigentlich schon. Sehr witzig ist wohl die Geschichte von meiner ersten Beziehung mit Petra, mit der ich auch zum erstenmal geschlafen habe. Sie war fünfzehn, und ich habe zu ihr gesagt, «Ich möchte gerne mit dir schlafen». Ich weiß gar nicht, wie sie darauf geantwortet hat, auf jeden Fall ziemlich neutral, weder ablehnend noch bejahend. Später habe ich dann gedacht, verdammt, wie kann ich sie so was fragen, sie war ja noch minderjährig. Ich habe dann auch nichts weiter mehr gesagt zu dem Thema. Der Zeitpunkt kam dann schließlich von ihr, sie hat auch den Tag bestimmt. Ich glaube, ich hab's erst an dem Abend erfahren. Wir haben vorher auch eine sehr befriedigende Sexualität gehabt. Wir haben uns für abends verabredet, haben Kerzen angezündet und geschmust, und dann hat sie gesagt, «Ich möchte jetzt gerne mit dir schlafen».*

*Ich habe diese Frage später nicht mehr so ausdrücklich gestellt oder diese direkte Aussage gemacht, weder innerhalb der Beziehung noch sonst. Das entwickelt sich oder auch nicht. Es gibt sicherlich Fälle, daß zum Beispiel in der Kneipe der eine zur anderen sagt, ich will jetzt mit dir schlafen, und dann gehen sie nach Hause, aber ich mache das nicht.*

Aber es könnte doch eine Situation geben, in der du zu deiner Freundin kommst und einfach geil bist, ohne daß ihr schon geschmust habt...

*Aber selbst dann entwickelt sich das, und ich stelle nicht diese Frage oder sage, «Ich möchte mit dir schlafen».*

Warum nicht?

*Das einzige, was mir dazu einfällt, ist die Angst, einfach abgelehnt zu werden, zu hören, «Nein, ich aber nicht».*

Also könnte man das bösartig als Taktik bezeichnen. Du fragst nicht, sondern versuchst, gleich die Partnerin mitzureißen?

*Wenn man fies wäre, könnte man das so ausdrücken. Nur denke ich, daß es für mich mehrere Möglichkeiten gibt. Aus so einer Annäherung kann sich alles mögliche entwickeln. Es kann sich einfach Zärtlichkeit entwickeln, und es kann sich auch dazu entwickeln, daß wir miteinander schlafen. Also folgende Situation: Ich weiß gar nicht mehr, wie sie hieß, auf jeden Fall habe ich die Frau im Urlaub kennengelernt, und wir hatten da überhaupt keinen sexuellen Kontakt. Das war vor vier Jahren. Nach dem Urlaub habe ich sie zu Hause besucht, wir haben zusammen Wein getrunken und über den Urlaub und alles mögliche geredet. Sie saß auf dem Boden und ich auf dem Sofa. Irgendwann habe ich mich zu ihr auf den Boden gesetzt, wo es zu Zärtlichkeiten kam, bis wir schließlich auch im Bett lagen und miteinander geschlafen haben. Da war's anders als in dem Beispiel mit Anette, was ich vorhin erzählt habe. Sie hat nachher gesagt, eigentlich wollte sie das gar nicht. Im ersten Moment habe ich gedacht, die besuchst du nie mehr, wieder dieses blöde Gefühl. Ich saß da und dachte, wenn sie das nicht wollte, hätte sie ja auch früher etwas sagen können. Ich hab sie dann noch öfter besucht, und komischerweise kam es dann wieder zu sexuellen Kontakten.*

Aber diese Aussage hat sie nicht mehr wiederholt?

*Nein, die kam nur beim erstenmal.*

War das eine allgemeine Aussage – sie wollte gar nicht, daß es mit dir soweit geht – oder war das auf dieses eine Mal bezogen?

*Ich habe es so aufgefaßt, als sei es eine generelle Aussage. Sie wollte nicht, daß es mit ihr soweit geht. Widersprüchlich ist dabei nur, daß es bei den späteren Besuchen trotzdem so war. Wir haben uns vielleicht vier- oder fünfmal gesehen und das in einem Zeitraum, der sich bestimmt über neun Monate erstreckte, also jeden zweiten Monat. Ich habe nicht weiter über diesen Widerspruch nachgedacht, ich habe keinen Kontakt mehr zu ihr.*

## Stefan:

*In meiner Beziehung gab's bestimmt tausend Situationen, in denen ich Lust hatte, sie aber nicht. Da gibt's dann einmal die Möglichkeit, daß sie von vornherein sagt, «Nein, ich hab jetzt keine Lust». Wobei es dann immer vom ersten Moment an klar ist. Die andere Möglichkeit ist, daß sich etwas entwickelt und dann plötzlich der Punkt kommt, wo sie sagt, «Nein, ich möchte das jetzt nicht». Meistens merke ich gleich am Anfang, daß sie abwesend ist und keine Lust hat, beziehungsweise sie sagt es gleich am Anfang.*

*Es gab und gibt bestimmt genügend Momente, in denen dieses Nein aus irgendwelchen seltsamen Gründen nicht kam. Wo wir beide keine Lust hatten, sie ebensowenig wie ich, aber trotzdem aus Verpflichtung oder weil wir nun mal angefangen hatten oder weil wir schon so lange nicht mehr miteinander geschlafen haben, zusammen ins Bett gegangen sind. Jetzt wird's mal wieder höchste Zeit, und dann macht man es halt, ohne eigentlich Lust zu haben. Es ist für mich sicherlich schwierig zu sagen, wann sie das so empfindet. Aber für mich gibt es immer wieder Situationen, in denen ich von Anfang an eigentlich sagen würde, «Nee, ich hab keine Lust», in denen es aus den genannten Gründen aber dennoch dazu kommt.*

Es ist noch nicht vorgekommen, daß ich bewußt festgestellt habe, daß ich so unheimlich scharf war und sie keine Lust hatte und wir trotzdem weitergemacht haben. Es ist eher so, daß es letztlich eben darauf hinausläuft, obwohl wir eigentlich in dem Moment kein inneres Verlangen danach haben. Wir haben eben angefangen und dann bringen wir die Sache auch gefälligst bis zum Höhepunkt, im wahrsten Sinne des Wortes. In solchen Fällen macht das Vögeln selbst oft keinen Spaß, aber wenn wir schon mal angefangen haben, dann möchte auch jeder etwas davon haben.

Ich glaube nicht, daß es eine Situation gab beziehungsweise daß ich wahrgenommen habe, Ruth will in dem Moment nicht und tut es trotzdem. Das ist auch ein bißchen zwiespältig. Was ist das, wollen? Das sind diverse Situationen, die sich aneinanderfügen. Das ist wirklich eine Spaltung. Warum schläft man miteinander? Entweder weil die Zeit des Miteinanderschlafens schön ist, oder weil ich meinen Orgasmus will. Dieses Gefühl, sie hat dazu überhaupt keine Lust, kenne ich nicht, also ich hab nichts gemerkt. Aber daß sie zwar keine Lust hat, mit mir zu schlafen, aber einen Orgasmus will, das kenne ich schon.

Man weiß in dem Moment genau, das ist für beide Seiten bescheuert, weil es nur noch auf den einen Punkt hinausgeht. Man vergißt, daß man miteinander schläft, und tut es nur, um gefälligst zu diesem Ziel zu kommen. Der Weg dahin ist ganz unwichtig. Das kann man auf beide Seiten anwenden. Ich fühle mich in dem Moment auch verpflichtet. Ich bin gekommen, und jetzt kann ich mich natürlich nicht einfach zurücklegen, sondern wir wollen beide etwas davon haben. Das ist ja eben das Perverse an der Situation, daß es auf den einen Punkt reduziert ist: Jetzt bin ich gekommen und es hat sich gelohnt, miteinander zu schlafen. Es hat auch was mit dem Selbstwertgefühl zu tun. Ich bin ja verpflichtet – und das meine ich auch mit pervers –, wenn ich mein Recht hatte, ihr auch dazu zu verhelfen. Man hat dann nicht mehr das Ziel, daß das Vögeln schön sein soll.

Hat dir schon einmal eine Frau einen Orgasmus vorgespielt?

Ja, am Anfang unserer Beziehung. Wir hatten beide unsere

Schwierigkeiten, daß sie zum Orgasmus kam. Die ersten zwei Monate haben wir immer nur darauf gelauert, klappt's irgendwann mal oder klappt's nicht. Es ging durch Petting, aber es ging nicht, wenn wir miteinander schliefen. Wir haben dem wirklich entgegengefiebert, daß sie es auch mal schafft, zum Orgasmus zu kommen. In dieser Phase oder kurz darauf, als es dann wirklich geklappt hat, gab es schon Momente, wo Ruth aus Mitleid oder zur Steigerung meines Selbstwertgefühls oder um einfach mal zum Ende zu kommen, weil sie genau wußte, ich höre nicht eher auf, bis sie diesen Orgasmus hatte, auch wenn's noch so eine Schinderei gewesen sein mag, mir einen Orgasmus vorgespielt hat, was ich in diesem Moment aber nicht gemerkt habe.

Ich hatte damals noch keine Erfahrungen. Ich hatte vorher einmal mit einer Frau geschlafen und daraus konnte ich keine Erfahrungen ableiten, wie sich mir ein weiblicher Orgasmus zeigt. Also konnte ich nie unterscheiden, ob er echt oder vorgespielt war. Irgendwann hat sie es mir mal erzählt. Von da an habe ich dann mehr darauf geachtet, ob das wirklich echt war oder eher so ein ‹Na ja, jetzt kommen wir halt zum Ende›, und damit ich beruhigter bin, spielt sie mir was vor. Ich glaube, sagen zu können, daß ich seither sicher bin, daß sie mir jetzt keinen Orgasmus mehr vorspielen würde. Das mag illusorisch sein, aber bei uns nehme ich's stark an auf Grund der Beziehung und der Ehrlichkeit, die wir jetzt haben.

**Christian:**

Zwei Beispiele habe ich in Erinnerung. Das eine mit Maria, also in einer langjährigen Beziehung. Es war eine Wochenendbeziehung, wo halt entweder ich sie oder sie mich besucht hat, weil wir in unterschiedlichen Städten gewohnt haben. Da ist es mal vorgekommen, daß Maria mit mir geschlafen hat, obwohl sie keine Lust hatte. Das ist bereits klargeworden, während wir miteinander geschlafen haben, weil wir beide uns über diese Jahre körperlich sehr gut kennengelernt haben. Sie hat sich körperlich ganz anders verhalten als *sonst. Uns ist dann klargeworden, daß sie keine Lust gehabt hat, mit mir zu schlafen.*

*Da fällt mir noch etwas zu Maria ein. Wir haben uns beide auf diese Weise kennengelernt, daß wir eines Nachts miteinander geschlafen haben und uns am nächsten Morgen sagen mußten, daß keiner von uns beiden Lust hatte, mit dem anderen zu schlafen. Aber keiner hat den Mut gehabt, sich von dieser Erwartung zu lösen. Eigentlich hätten wir viel mehr Lust gehabt, uns ans Fenster zu setzen, Händchen zu halten und gar nichts zu machen, jedenfalls nicht, miteinander zu schlafen. Wir haben es trotzdem gemacht, und es war dann auch dementsprechend verkrampft.*

*Und dann gibt es Situationen mit anderen Frauen, bei denen ich mir unsicher bin. Wo das Miteinanderschlafen für beide ziemlich verkrampft gewesen ist und wo auch ein Gespräch darüber keine Klarheit gebracht hat. Wo sowohl sie als auch ich gesagt haben, daß wir gerne mit dem andern geschlafen haben. Aber ich jedenfalls habe da gelogen. Ich habe nicht gerne mit ihr geschlafen, sondern ich habe es im Gegenteil als ziemlich blöde in Erinnerung, weil wir uns beide meinem Gefühl nach dabei «vergewaltigt» haben. Nicht in dem Miteinanderschlafen selbst, sondern in dem Wunsch, miteinander zu schlafen. Sie hat auch gesagt, sie habe gerne mit mir geschlafen, aber ich habe ihr nicht geglaubt.*

Zu der ersten Situation mit Maria, in der du gemerkt hast, daß sie nicht wollte: Habt ihr trotzdem weiterhin miteinander geschlafen, oder habt ihr dann darüber gesprochen?

*Nein, in dem Moment ist es einfach aufzuhören, weil eine enge Vertrautheit herrscht. Mir fiel es damals leicht, das in Worte zu fassen und zu sagen, «Ich habe das Gefühl, du hast keine Lust, mit mir zu schlafen». Darüber kam dann auch ein Gespräch in Gang. Ich kann mich nicht mehr erinnern, ob wir beim Geschlechtsakt waren oder beim Vorspiel.*

Bei den anderen Frauen ist dir immer erst danach bewußt geworden, daß sie oder du nicht wollten? Du benutztest sogar das Wort *vergewaltigt.*

*Ich glaube, das muß ich etwas zurücknehmen, weil dieses Wort* natürlich ganz eindeutig besetzt ist und ich es nicht in dieser Bedeutung benutzt habe. Das stimmt so nicht. Ich habe Situationen erlebt, in denen wir miteinander geschlafen haben und das beendet wurde, indem entweder ich gesagt habe, «Ich kann nicht mehr», oder sie gesagt hat, «Es tut mir weh», also sich einer von beiden irgendwie aus der Situation herausgezogen hat. Ich habe auch positive Situationen erlebt, in denen wir angefangen haben zu schmusen und dieses Spiel eindeutig darauf hinauslief, miteinander zu schlafen, bis sie irgendwann gesagt hat, «Ich habe keine Lust, mit dir zu schlafen», oder «Ich habe jetzt keine Lust, mit dir zu schlafen».

Welches Gefühl hattest du nach diesen weniger positiven Situationen?

Da gibt es viele Nuancen. Es gab Situationen, in denen ich ganz klar Lust gehabt habe, mit einer Frau zu schlafen und auch sehr gerne einen Orgasmus gekriegt hätte, in denen das aber nicht möglich war, weil sie gesagt hat, «Ich habe keine Lust». Und da hatte ich schon das Gefühl, «Schade, ich hätte jetzt gerne mit ihr geschlafen». Wenn wir darüber gesprochen haben, habe ich natürlich nach dem Grund gefragt. Umgekehrt genauso, wenn ich keine Lust gehabt habe, hat sie gefragt, «Warum nicht?». Und die Antworten auf diese Frage habe ich immer nur als Ausflüchte in Erinnerung, und zwar sowohl von der Seite der Frau als auch von meiner Seite aus. Das sind immer Gründe wie Unwohlsein, keine Lust, ich weiß nicht genau oder mir geht's nicht gut, also sehr unbestimmt. Die eigentliche Antwort, bei der ich das Gefühl hatte, daß sie oder ich ehrlich waren, kam meist viel später, manchmal nach Tagen, aber manchmal auch erst nach Monaten, wenn wir uns wieder getroffen haben und in einer Mußestunde zusammensaßen und uns erinnerten. Da konnten wir plötzlich zugeben, daß uns in dem Moment der andere nicht attraktiv genug war.

Ging es dir auch so, daß du in diesem Moment nicht ehrlich sagen konntest, weshalb du keine Lust hattest?

Sexualität ist für mich etwas sehr Sensibles, Feines und Schönes. In diesem Moment, der so positiv ist, plötzlich etwas zu sagen, womit man den anderen verletzen kann, ist sehr hart. Man stellt

*diese Situation auf den Kopf mit etwas, das wir als brutal empfin-*
*den. Zum Beispiel: «Ich kann nicht mit dir schlafen, weil ich mich*
*geirrt habe, ich mag dich nicht», oder: «weil ich dich unattraktiv*
*finde, jetzt, wo ich dich nackt sehe». Diese Art von Ehrlichkeit*
*kann ich nicht an den Tag legen, nicht in so einer Situation.*

Aus Angst, ähnliche Ehrlichkeiten zurückzubekommen?

*Mag sein, daß ich Angst hatte, die gleichen Antworten zurück-*
*zubekommen. Wenn sie gesagt hätte, «Ich habe keine Lust, mit dir*
*zu schlafen, weil ich mich geirrt habe, du bist doch nicht mein Typ»,*
*dann hätte mich das sicher verletzt.*

Aber trotzdem hast du gefragt, warum?

*Ich denke, daß die Kommunikation in dieser Situation äußerst*
*feinfühlig sein muß. Über Sexualität zu sprechen mit Menschen,*
*die man nicht allzu lange kennt, ist für mich immer wieder ein Spiel.*
*Ein Spiel, bei dem ich sehr vorsichtig mit Worten umgehe, bei dem*
*ich nach Worten suche, weil diese Sprache nicht alltäglich ist. Da*
*können wir nicht einfach wie über eine Begegnung mit einem Freund*
*in der Stadt etwas wiedergeben, sondern müssen uns vorsichtig in*
*unbekannten Gefilden bewegen. Welche Worte kann ich benutzen,*
*um mich nicht selbst bloßzustellen, aber auch, um den anderen nicht*
*zu verletzen? Sexualität und deren Sprache über Sexualität ist eben*
*keine Selbstverständlichkeit.*

Das Problem des Ja-Sagens und Nein-Meinens ist also auch
Männern vertraut, sowohl aus eigenen Erlebnissen als auch
aus Beziehungen, in denen die Partnerin ohne Lust mit ihnen
geschlafen hat.

Der häufig angesprochene Mangel an Kommunikation im
sexuellen Bereich macht es schwer zu entscheiden, ob die
Männer jedesmal gemerkt haben, daß die Frau nicht wollte,
oder ob sie es wenigstens danach angesprochen hat. Die
Dunkelziffer der unbefriedigenden sexuellen Erlebnisse liegt
vermutlich enorm hoch. Erstaunen oder Sprachlosigkeit löst
die Interviewfrage jedenfalls nicht aus. Vielmehr scheint die
Problematik bekannt und teilweise sogar selbstverständlich.

Wenn auch die von den Männern geschilderten Erlebnisse sicherlich nicht so erschreckend sind wie die der Frauen, so stellt sich dennoch die Frage: *Warum* handeln auch Männer gegen ihren Willen? Und warum führt ein solches Erlebnis nicht auf beiden Seiten zu einer grundlegenden Änderung des sexuellen Verhaltens?

Dafür nur die geschlechtsspezifische Sozialisation verantwortlich zu machen, wäre naiv. Ebenso wirken Bequemlichkeit und Resignation lähmend auf den Sexualpartner. Einen Mißstand zu erkennen heißt eben noch lange nicht, ihn auch zu verändern. Und hier macht sich sowohl eine gewisse Hoffnungslosigkeit als auch eine mangelnde Vorstellung davon bemerkbar, wie eine schönere Sexualität überhaupt aussehen könnte.

Doch selbst die Ahnung, daß die jeweilige gemeinsame Sexualität nicht dem eigenen Ideal entspricht, scheint nicht unbedingt eine bohrende Ungeduld nach etwas anderem auszulösen. *Besser das als gar nichts* oder *Wer garantiert mir, daß es anders besser wäre* – solche Sprüche weisen nicht gerade darauf hin, daß es in naher Zukunft eine wirkliche sexuelle Revolution geben könnte. Immer wieder fallen dieselben Begriffe: Unsicherheit, Selbstzweifel, Verpflichtung, Erwartungsdruck, Frust, Trotz, Krampf, Lüge und Verletzung. Neben der Lust, der Zärtlichkeit oder Geilheit hat die Sexualität auch eine dunkle Seite. Welche im Einzelfall zum Tragen kommt, hängt weitgehend von der Ehrlichkeit und der Offenheit ab, zu der wir dem andern gegenüber fähig sind.

Es ist eine irrige Annahme, zwei sich fremde Menschen könnten auf Anhieb in einer Nacht eine unkomplizierte, lustvolle Annäherung und Verschmelzung erleben. Sie haben sich kaum kennengelernt, wissen meist nicht viel über den anderen, denken aber, sie könnten ohne Schwierigkeiten die intimste Situation herstellen und genießen.

Genausowenig, wie man einen fremden Menschen nach einem einzigen Gespräch adäquat einzuschätzen vermag, ist auch das Kennenlernen und Erforschen eines fremden Körpers nur bei einem Beischlaf kaum möglich. Statt einer langsamen, tastenden Annäherung erliegen wir dem ungeschriebenen Gesetz, daß das Bett unumgänglich sei. So kommt es nicht selten zu solchen schizophrenen Situationen, in denen zwei Menschen miteinander schlafen, ohne die geringste Lust dazu zu verspüren.

## Schweigen und Fordern

Konnten die Frauen, mit denen du im Bett warst, im allgemeinen ihre sexuellen Bedürfnisse artikulieren, sei es verbal oder nonverbal?

**Christian:**

*Keine Ahnung, weil ich nicht weiß, ob sie dazu in der Lage waren.*
    Haben sie es gemacht oder nicht?
    *Ich habe nur wenige Situationen in Erinnerung, wo eine Frau mir gegenüber eindeutig artikuliert hat, wie ihre Bedürfnisse sind und wie sie gerne mit mir schlafen möchte. Ich habe auch genau diesen Frauen gegenüber meine Bedürfnisse deutlich gemacht, wie ich gerne mit ihnen schlafen würde. Zwischen diesen Frauen und mir gab es von vornherein eine offene und ehrliche Kommunikationsebene, es wurde kein Blatt vor den Mund genommen. Bei Frauen, die sich nicht getraut haben, mir gegenüber ihre Bedürfnisse zu artikulieren, hatte ich ihnen gegenüber dieselben Schwierigkeiten.*
    Mit *artikulieren* meinst du die sprachliche Ebene?
    *Nein, damit meine ich auch die körperliche Ebene.*
    Also im allgemeinen konnten die Frauen es nicht oder haben es zumindest nicht getan?
    *Nein, im allgemeinen haben sie es nicht getan.*

Du hast erwähnt, daß du deine Bedürfnisse nur bei den Frauen artikuliert hast, die dasselbe getan haben. Mußte die Frau den Anfang machen, bevor du dich auch getraut hast, etwas zu sagen?

*Nein, bei den Frauen, von denen ich gesprochen habe, war diese Offenheit, diese gegenseitige Ehrlichkeit grundsätzlich vorhanden, nicht nur, aber auch im Bereich der Sexualität. Ich könnte jetzt nicht sagen, wer im Einzelfall den Anfang gemacht hat, das hat sich einfach so ergeben. Aber ich kann sagen, daß ich mich wie verhaltensgestört gefühlt habe und nicht in der Lage war, irgendwelche Bedürfnisse zu artikulieren, sondern wir uns beide aneinander geklammert und aus dieser Umklammerung miteinander geschlafen haben. Allerdings war auch keiner von uns in der Lage zu sagen, es war schön. Das wenigstens war ein Moment der Ehrlichkeit. Ansonsten war dieses Miteinanderschlafen auch sehr verkrampft, zumindest für mich, spaßlos, freudlos, lustlos.*

Das klingt, als habest du das Miteinanderschlafen nur als schön und lustvoll empfunden, wenn ihr offen und ehrlich zueinander wart. Sobald ihr euch aber nicht über eure Bedürfnisse unterhalten konntet, verlief es ziemlich verkrampft?

*Ja, das stimmt.*

Diese Offenheit und Ehrlichkeit, war das eine Sache, die durch eine längere Beziehung entstanden ist, oder hast du auch schon erlebt, daß du eine Frau zum Beispiel auf einer Fete kennengelernt hast, mit ihr ins Bett gegangen bist und da auch gleich diese Offenheit und Ehrlichkeit zwischen euch vorhanden war?

*Sowohl als auch. Je länger die Beziehung besteht, um so offener und ehrlicher und lustvoller ist die Sexualität. Jedenfalls sind das meine Erfahrungen, die ich gemacht habe.*

*Andererseits gab es aber durchaus auch solche Fetengeschichten, die oft wahnsinnig schöne Abende waren. Allerdings weiß ich nicht, inwiefern dabei der Alkohol bei ihr oder bei mir eine Rolle gespielt hat, weshalb es so lustvoll war.*

*Dazu fällt mir Astrid ein, die ich mal in F. besucht habe. In der letzten Nacht habe ich bei ihr mit im Zimmer geschlafen. Wir haben gute Nacht gesagt, unsere Hände berührten sich, die Körper gingen aufeinander zu, und wir haben eine wahnsinnig schöne Nacht verbracht, eine absolut lustvolle Nacht, in der wir immer wieder miteinander geschlafen haben. Als wir dann drei Wochen später zusammengezogen sind, haben wir uns beide darauf gefreut, daß wir jetzt zusammen wohnen und arbeiten werden, aber wir hatten uns nicht mehr viel zu sagen. Das ist ein Fall, wo die Sexualität losgelöst war von dem Vertrauen, das man gegenseitig haben kann. Also, wir hatten auf sexueller Ebene eine wahnsinnig schöne Nacht, und danach ist nichts mehr gewesen, und wir haben uns nicht mehr verstanden.*

War diese Nacht eine Sternstunde, oder habt ihr euch gegenseitig gezeigt, was ihr wolltet?

*Ich habe solche angenehmen, phantasievollen, lustvollen Nächte nur erlebt, wenn wir uns verbal oder körperlich darüber verständigen konnten, wozu wir Lust hatten.*

**Stefan:**

*Beim ersten Fall – ich habe vor meiner Beziehung zu Ruth nur mit einer Frau geschlafen – kann ich hundertprozentig sagen, nein. Damals ging's eigentlich darum, daß ich auch endlich mal mit einer Frau schlafen wollte. Ich wußte zwar nicht, wie das geht, aber es mußte ja mal passieren. Ich bin mir hundertprozentig sicher, daß sie damals nichts davon hatte. Ich hatte meinen Orgasmus, viel zu früh, und das war's dann.*

*Im Laufe meiner langen Beziehung hat zumindest Ruth gelernt, zu sagen, was sie möchte. Bei mir weiß ich das nicht so genau.*

*Außerhalb dieser Beziehung hab ich es offen ausgesprochen noch nie erlebt. In gewissem Maße kriege ich natürlich mit, was ihr Spaß macht. Ich merke ja, wann sie erregter wird und wann nicht. Daß eine Frau ehrlich gesagt hat, wenn ihr etwas nicht gefiel und was sie statt dessen lieber hätte, habe ich noch nicht erlebt. Auch nicht, daß sie meine Hand irgendwo hingelegt hat, ist nie passiert. Ich kenne eher die passive Reaktion darauf, was ich mache, aber keine aktive Steuerung durch die Frau.*

## Walter:

*Bis auf Jutta nicht. Daher habe ich bis zum heutigen Tag meine Schwierigkeiten mit selbstbewußten Frauen. Dieses Hin- und Her-gezogensein ist ganz merkwürdig. Ich habe zuviel Sexualität mit Vera erlebt. Ein Hauptgrund, warum mich Jutta so begeistert hat, war, daß sie nur so vor Selbstbewußtsein strotzt. Das gilt auch für ihre Sexualität, wie sie zum Beispiel gefordert hat, mit mir zu schlafen. Ich kann mich noch an das erste Mal erinnern, als sie gesagt hat, daß sie mit mir schlafen will. Das war das erste Mal, bei dem es dann auch richtig geklappt hat. Beim allerersten Mal war es völlig daneben, weil wir beide viel zu aufgeregt waren. Aber beim zweiten Mal war es völlig klar, daß wir miteinander schlafen, und sie hat das als erste gesagt.*

*Bei den anderen Frauen lief das im Grunde immer auf der gleichen Ebene wie bei Vera. Ich merke das noch heute gegenüber fremden Frauen, daß es mir leichter fällt, Frauen anzumachen, die passiv sind. Bei selbstbewußten Frauen fällt es mir schwer, ihnen als Mann gegenüberzutreten, obwohl sie mich interessieren. Aber da spüre ich eben diese Diskrepanz.*

Das ist ja ein großer Widerspruch: Jutta begeistert dich, weil sie auch mit der Sexualität selbstbewußt umgehen kann, ansonsten würdest du aber eine passive Frau vorziehen?

*Das hat etwas mit meinen Ängsten zu tun. Angemacht fühle ich mich mehr von aktiven Frauen. Ich kann nach all den Jahren, die ich nun schon mit Jutta zusammen bin, sagen, daß mich sowohl das offene Gespräch über Sexualität als auch ihre Ehrlichkeit, was ihre Geilheit, ihre Lust, ihren Körper betrifft, viel stärker anmacht, weil ich mich nicht mehr als denjenigen betrachte, der immer zwanghaft alles in der Hand behalten muß, oder als einen, der immer nur Sex will.*

*Auch das hat sich völlig umgekehrt. In der Zeit, in der ich mit Vera zusammen war, hatte ich immer Lust und wollte mit Vera schlafen, und oft kam es nicht dazu, entweder weil Vera nein gesagt hat oder weil es keine Gelegenheit dazu gab. Und mit Jutta, die oft scharf und geil ist, dreht sich das plötzlich um, so daß ich viel passiver bin. Und jetzt bin ich derjenige, der sagt, «Ich habe keine Lust» oder «Ich fühle mich dazu nicht in der Lage». Plötzlich kann ich für mich artikulieren, daß ich keine Lust habe, während ich früher immer der omnipotente Typ war, der sowieso immer kann, während die Frau viel zu selten Lust hat. Das ist ein Zeichen für mich, wie sich etwas verändert hat, und ich glaube, daß es etwas mit den Ängsten zu tun hat.*

Welche Ängste sind das denn?

*Bei Frauen, die ein bißchen naiver sind, merke ich, daß ich im Grunde alles steuere, und es fällt mir überhaupt nicht schwer, darauf zu verzichten, das weiterzutreiben. Ich glaube, daß ich bei der anderen Art von Beziehung gleichzeitig die Angst und den Reiz verspüre, daß ich überhaupt nichts steuern kann. Ich spüre auch das Feedback, wenn die Frau mich interessant findet. Gleichzeitig entwickeln sich Ängste dadurch, daß ich überhaupt nicht weiß, wohin der Zug abfährt und wie ich selber dazu stehe. Im Grunde begebe ich mich in ein Abenteuer, und davor habe ich grundsätzlich ein bißchen Angst.*

Beziehen sich diese Ängste auch auf die Sexualität, darauf, was diese selbstbewußte Frau von dir erwarten oder fordern könnte?

*Eine Frau, die selbstbewußt ist, erzeugt natürlich auch Ängste im sexuellen Bereich, warum sollte sie die nur in den anderen Bereichen erzeugen? Es ist für mich trotzdem ein Reiz, weil ich im umgekehrten Fall einen Horror davor habe, so eine passive sexuelle Beziehung noch einmal zu erleben.*

Also sind selbstbewußte Frauen für dich o. k. Du kannst damit umgehen, wenn innerhalb einer Beziehung das nötige Vertrauensverhältnis vorhanden ist.

*Ja, genau. So, wie ich mich heute fühle und wie ich lebe, ist das für mich absolut notwendig. Ich könnte mit keiner naiven Frau zusammenleben, weil meine Ansprüche dafür zu hoch sind. In der Sexualität spielen noch mehr Ängste eine Rolle, die ich sicherlich auch habe. Aber wenn das Vertrauen erst einmal hergestellt ist, habe ich diese Ängste nicht mehr.*

*So war das auch bei Jutta. Als wir uns kennenlernten, hatte ich viele Ängste, später nicht mehr. Ich merkte, daß Jutta ganz anders ist. Die forderte mich und ich hatte unheimlich Angst davor, was passieren würde, wenn wir miteinander schliefen.*

Konntet ihr schon im Vorfeld über diese Ängste reden?

*Nein, im Vorfeld konnte ich darüber nicht reden, da habe ich mich noch in dieser zwanghaften Supermannrolle gefühlt. Ich dachte, «Wenn ich jetzt versage, dann wird die Beziehung zu dieser Frau nicht weitergehen».*

Das muß doch ein unheimlicher Druck sein?

*Das ist es auch, und es führt tendenziell zur Impotenz. Ich kann mich erinnern, daß ich von Jutta völlig hin und weg war. Ich hatte aber am Anfang Schwierigkeiten, das auch in meiner Potenz zu zeigen. Bei Vera war ich jahrelang sozusagen computermäßig potent. Ich konnte immer, wenn sich die Möglichkeit ergab, und bei Jutta konnte ich beim erstenmal plötzlich nichts so richtig. Ich war viel zu nervös und hatte Angst. Ich kann mich noch an die erste Nacht erinnern, in der es zum Petting kam. Ich konnte nicht eindringen, weil er immer dann nicht steif genug war. Jutta ist selig und verliebt neben mir eingeschlafen, war also zweifelsfrei sehr glücklich, und ich war völlig nervös und angespannt und konnte die ganze Nacht kaum schlafen. Im Grunde hat sich meine Potenz erst mit dem Maß des Vertrauens zwischen uns gesteigert, als ich immer mehr merkte, das ist eine tolle Frau, die alle Probleme und sonstigen Sorgen hat, die du auch hast. Dann ging das immer besser, und da konnte ich dann auch mit ihr die ganze Nacht durchvögeln. Das ist übrigens auch ein Phänomen, das ich bei Vera nie kannte.*

## Harald:

*Nein, das ist sehr schwierig. Ich wünsche mir sehr, daß die Frau, mit der ich zusammen bin, sagt, was sie gerne hat, aber ich habe es selten erlebt.*

Es gäbe ja auch die Möglichkeit, daß die Frauen einfach mit dem, was du gemacht hast, zufrieden waren?

*Ja, aber selbst das könnten sie sagen.*

Sagen oder zum Ausdruck bringen?

*Vielleicht beides, zum Absichern.*

Du bist dir unsicher, deshalb hättest du es gerne, wenn die Frau etwas sagen würde?

*Ja, aber nicht immer. Grundsätzlich kann ich dieser Aussage zustimmen. Es wäre schön, wenn die Frauen, mit denen ich zusammen bin, sagen würden, was sie möchten. Auf der anderen Seite nehme ich es auch wahr, wenn sie ihre Wünsche und Vorlieben körperlich zum Ausdruck bringen, und ich versuche, darauf zu reagieren. Es gibt auch den umgekehrten Fall, daß ich merke, sie möchte etwas, und denke, jetzt muß ich zeigen, wo meine Grenze ist.*

Du kannst es aber zum Ausdruck bringen, wenn du etwas nicht möchtest?

*Ich arbeite daran. Es gibt ein paar Fälle, in denen ich Dinge gemacht habe, die ich eigentlich nicht wollte. Es geht aber immer besser.*

Warum sprichst du nicht auch deine sexuellen Bedürfnisse wirklich verbal aus?

*Es ist nicht so, daß ich von den Frauen fordere, sie sollen sich verbal ausdrücken, sondern ich fände es einfach gut, wenn wir mehr darüber reden könnten, auch über sexuelle Praktiken. Das klappt ja nicht immer, daß einer etwas körperlich ausdrückt und der andere gleich weiß, was gemeint ist. Ich erlebe Sexualität mit jemand, mit dem ich häufiger zusammen bin, schöner als mit jemand, mit dem ich nur einmal zusammen bin. Mit «schön» meine ich verschiedene Dinge. Bei der einen Frau ist es das Neue und bei der anderen ist es mehr die Vertrautheit.*

Festzuhalten bleibt, daß jeder Mann mehrere Frauen kennt, die ihre sexuellen Wünsche und Vorlieben nicht zum Ausdruck bringen können. Die *sprechende* Frau scheint die Ausnahme von der Regel zu sein. Die Männer selbst haben vielfach dasselbe Problem. Man nimmt es hin, wenn auch mißmutig. Er «arbeitet daran», was soviel heißt wie «er kann es nicht», sie sollte es aber schon bringen.

## Wünschen und Verstummen

Kannst du selbst ohne Hemmungen über Sexualität reden und tust du das auch?

### Harald:

Wo sind deine Hemmschwellen, um nicht von dir aus den ersten Schritt zu machen und das anzusprechen?
*Ich weiß nur, daß es mir selber schwerfällt, über Sexualität zu reden.*
Weshalb fällt dir das so schwer? Hast du vielleicht irgendwelche sexuellen Phantasien, die du gerne mit deiner Partnerin ausleben würdest, und traust dich nicht, sie auszusprechen?
*Das ist interessant, denn es gibt solche Phantasien, die so ein bißchen in Richtung Perversion gehen. Es gibt auch Phantasien, die sind eigentlich sehr pervers, und da ist halt so ein moralischer Riegel vorgeschoben. Ich fand es sehr interessant, wie Anette und ich über sadistische Phantasien gesprochen haben. Dabei haben wir die Möglichkeit des Ausprobierens nicht direkt ausgeschlossen. Wir haben allerdings nicht den Schritt gemacht, zu sagen, «Wir machen das jetzt». Aber es war wirklich interessant, was dabei herausgekommen ist, obwohl diese Phantasien von mir vielleicht ernster gemeint*

*waren als von ihr. Jedenfalls habe ich den Eindruck gewonnen, daß sie sich diese Dinge in dem Moment erst ausgedacht hat, während ich solche Phantasien zum Teil mit mir herumtrage. Aber da gibt es eben so einen moralischen Riegel, der vor sexuelle Praktiken, die in den Bereich der «Perversion» gehen, geschoben ist.*

Kannst du ganz allgemein sagen, wo für dich Perversion anfängt?

*Eine klare Grenze ist recht schwer zu ziehen. Perversion fängt für mich da an, wo der Schmerz als Lustmittel benutzt wird, wo mehr als bei anderen sexuellen Praktiken ein Macher da ist und einer, der mit sich machen läßt.*

*Im Moment stelle ich mir die Frage, was ist mit dem, was nicht in den Bereich der Perversion fällt und was ich trotzdem nicht ausspreche. Und da gibt es die Angst, es könnte als Perversion angesehen werden. Die Frau könnte sagen, «Du bist pervers», obwohl ich denke, daß ich bestimmte Praktiken gerne ausprobieren würde und sie selbst überhaupt nicht pervers finde.*

*Schade wird es, wenn diese Wünsche auf beiden Seiten existieren und eigentlich umgesetzt werden könnten, aber da keiner sie auszusprechen wagt, werden nicht realisiert.*


**Walter:**


*Ich glaube, daß ich das sehr gut kann. Merkwürdigerweise konnte ich es schon immer. Bei Vera zum Beispiel hatte das viel mit diesem Vertrauen zu tun. Sie war so gut wie gar nicht aufgeklärt, erschreckend für die heutige Zeit, und ich konnte gut mit ihr darüber reden. Ich kann mich erinnern, daß ich ihr meinen Penis gezeigt und ihr erklärt habe, wie das beim Mann abläuft, wie die einzelnen Teile sind und was ich darüber weiß. Da hatte ich keine Schwierigkeiten, ich habe die Schwierigkeiten nur immer da, wo ich mich selbst in der Sexualität beweisen muß, also mit diesem Männerbild. Da war ich damals bei Vera sehr nervös und hatte am Anfang große Schwierigkeiten.*

Du hast auch keine Schwierigkeiten, sexuelle Bedürfnisse oder Phantasien zu artikulieren?

*Nein, im Gegenteil. Phantasien sind schon immer ein wichtiger Bestandteil meiner Sexualität gewesen. Diesen Bereich würde ich als verbale Sexualität bezeichnen. Ich finde es toll, wenn ich ein Buch gelesen habe, mich darüber mit meiner Freundin zu unterhalten, solche Phantasien auszuschmücken oder auch über die Grenzen zu reden, was ich zum Beispiel noch scharf finden könnte, und wo es für mich anfängt, menschenfeindlich zu werden. Ich konnte darüber immer schon, gerade mit Jutta, gut reden und mit Vera – mit Abstrichen – glaube ich auch.*

## Christian:

*Für mich selbst kann ich dafür nicht die geringsten Gesetzmäßigkeiten aufstellen. Ich habe schon sehr viele Situationen erlebt, in denen ich nicht in der Lage war, etwas zu sagen, weil ich mich nicht getraut habe. Und das gab es mit Alkohol und ohne Alkohol. Wenn es klar ist, daß wir beide miteinander schlafen, bin ich manchmal in der Lage, Dinge anzusprechen, die ich gerne möchte, die ich mir vorstellen kann, zu denen ich Lust habe. Aber dann gibt's wiederum Situationen, wo ich den Mund überhaupt nicht aufkriege oder wo ich überhaupt keine Lust habe, mit der Frau zu schlafen, es aber trotzdem tue. Ich weiß nicht, warum ich's mal tue und mal nicht.*

Vielleicht deswegen, weil du innerlich doch ziemliche Schwierigkeiten hast, über Sexualität zu reden?

*Vielleicht ist das gar nicht so abwegig, weil ich glaube, daß das für mich keine selbstverständliche Sache ist, zum Beispiel mit dir über Sexualität zu reden. Mit dir geht es vielleicht eher, weil wir ein gewisses Vertrauensverhältnis haben. Ich kann mir aber vorstellen, daß ich Schwierigkeiten hätte, einem fremden Menschen Antwort auf Fragen über meine Sexualität zu geben. Es ist für mich keine Selbstverständlichkeit, darüber zu reden.*

Kannst du dir noch andere Gründe vorstellen, warum du

manchmal etwas ansprechen kannst und ein anderes Mal nicht?

*Wenn ich sage, es existiert keine Gesetzmäßigkeit, dann stimmt das nicht ganz. Je mehr Vertrauen ich zu dem betreffenden Menschen habe, desto leichter fällt es mir, mich mit ihm über Sexualität zu unterhalten. Allerdings verstehe ich nicht, warum mir jemand Vertrauen einflößt und jemand anderes nicht. Das kann ich nicht erklären. Warum gibt es Menschen, die meine verbalen Hemmungen lösen, und andere, die mich in meinen verbalen Schranken stehen lassen, die ich nicht überspringen kann?*

Das Mysterium ist also: Warum verstehen sich zwei Menschen und warum andere nicht?

*«Verstehen» ist, glaube ich, nicht ganz der richtige Ausdruck. Ich verstehe mich ja mit sehr vielen Menschen, Frauen in diesem Fall, wirklich gut, aber ich würde nicht auf die Idee kommen – die Frauen selbst vielleicht auch nicht –, daß wir miteinander schlafen.*

*Ich glaube, daß ich viele verbale Erklärungen für eine Situation finden kann, in der ich mit einer Frau schlafen möchte, aber nicht rede. Auch wenn wir miteinander schlafen und es nicht lustvoll ist, traue ich mich manchmal nicht, meine Lust zu artikulieren oder etwas vorzuschlagen, wie es lustvoller werden könnte. Auch dafür kann ich bestimmt eine Menge Erklärungen finden, zum Beispiel, daß ich einen schlechten Tag hatte und immerzu daran denken muß oder daß meine Mutter im Krankenhaus liegt oder sonst etwas. Aber ich glaube, diese Gründe sind falsch, das ist hergeholt.*

*Ich glaube, daß es eine echte Übereinstimmung zwischen zwei Menschen geben kann, und die muß da sein, wenn es für beide schön sein soll. Es gibt doch Situationen, in denen es einfach lustvoll ist, die für beide eine Nacht sind, wo man so lange miteinander schläft, bis man nicht mehr kann. Manchmal denke ich, daß das eine Übereinstimmung der Körper und der Vibrations für diesen einen Moment ist. Der kann sich, muß sich aber nicht wiederholen. Manchmal stimmt's ganz einfach und es ist schön, wenn man sich in einem solchen Moment begegnet.*

**Stefan:**

*Außerhalb der Beziehung kann ich es nicht verbal. Aber ich überlege mir, ob ich nicht ohnehin immer die Möglichkeit habe, eher das umzusetzen, was ich will, ohne das dem anderen erklären zu müssen.*

Du hast gesagt, daß du vor deiner Beziehung nur mit einer Frau geschlafen hast. Andere sexuelle Erfahrungen hast du beim Petting gemacht. War das so, weil du nicht wolltest oder weil die Frauen nicht wollten? Warum ist das Miteinanderschlafen immer ausgeklammert worden?

*Vielleicht aus irgendeiner Angst heraus. Ich denke, beim Petting kann man einfacher vor den Anforderungen des anderen und vor seinen eigenen Anforderungen bestehen als beim Miteinanderschlafen. Beim Schlafen fängt der Leistungsdruck eher an als beim Petting. Beim Petting kann ich zum Beispiel länger aushalten, bevor ich selbst komme, und die Erregungskurve fällt natürlich auch nicht so schnell ab, solange ich noch nicht gekommen bin. Es ist also einfacher für mich.*

*Dann gibt es natürlich auch immer die Angst davor, daß etwas passiert. Beim Petting kann nichts passieren. In der Zeit vor meiner Beziehung war ich zwar fähig, mit einer Frau ins Bett zu gehen, aber ich war nicht fähig, mit ihr offen darüber zu sprechen, ob einer von uns beiden Verhütungsmittel nimmt. Ich weiß noch, wie das nach dem ersten Mal war. Da hatte ich auf der einen Seite das Gefühl, jetzt hast du endlich mit einer Frau geschlafen, aber auf der anderen Seite hatte ich diesen zerfressenden Selbstvorwurf, dazu bist du fähig, aber du bist nicht fähig, wenigstens zu fragen. Ich war weder fähig, selbst für die Verhütung zu sorgen, noch dazu, jemanden, der mir wirklich zentimeternah war, so eine banale Frage wie die nach den Verhütungsmitteln zu stellen.*

*Danach kam dann natürlich die Angst, du hast nicht daran gedacht und kannst eigentlich nur hoffen, daß sie dran gedacht hat, aber was ist, wenn's nun doch passiert ist? Ich glaube, das war ein Grund, warum ich den Beischlaf ausgeklammert habe. Da konnte ich mir dann sagen, ich brauche mir keine Gedanken darüber zu machen, weil es sich nur in einem ungefährlichen Rahmen bewegt. Das ist natürlich einfacher.*

Waren der Leistungsdruck und die Verhütungsproblematik auch später die Gründe, warum du lieber *nur* Petting gemacht hast?

*Ja. Es ist schwer zu trennen, ob es nur diese Gründe waren oder ob es mir in dem Moment einfach besser gefallen hat. Später hatte ich nicht mehr das Problem zu fragen, ob jemand Verhütungsmittel nimmt. Ich hatte aus dieser Angst gelernt, selbst zu fragen. Es bleibt also nur noch der Leistungsdruck übrig. Ich weiß nicht, ob der immer mitgespielt hat oder ob ich sagen würde, es war mir genug, auch ohne miteinander zu schlafen. Vielleicht setzte ich mir auch in meinem Kopf eine Grenze, bis hierher darfst du, und was darüber hinausgeht, hat etwas Endgültiges.*

*Petting ist zwar nicht unverbindlich, aber es bewegt sich noch im Rahmen des Überschaubaren. Sobald ich aber mit jemandem geschlafen habe, ist eine Schwelle, die ich nicht genau beschreiben kann, überschritten.*

Würdest du sagen, daß es dir leichtfällt, über sexuelle Dinge zu reden?

*Mit Freunden fällt es mir bestimmt nicht leicht. Ich denke, da ist es nicht üblich, daß man über seine Probleme redet. Man kann über die schönen Seiten reden, aber nicht zum Beispiel über seine Ängste.*

*Bestimmt hat jeder von uns solche Ängste oder auch Probleme mit der Sexualität. Das ist ja nichts, was einfach vom Himmel fällt und sofort reibungslos funktioniert, sondern ich denke, daß jeder damit auch Probleme hat. Das gibt bloß keiner – ich eingeschlossen – offen zu, weil jeder denkt, daß er damit allein sei. Gerade weil nur über positive Seiten geredet wird, denkt der einzelne, das sei nur sein Problem, das könne gar nicht allgemeingültig sein. Man glaubt, man dürfe sich keine Blöße geben und keine Schwäche zeigen, weil man Angst hat, wie man dann angeguckt wird.*

*Mit meiner Freundin spreche ich nicht sehr oft darüber, aber ich würde auch nicht sagen, daß es mir bei ihr schwerfällt. Da ist es für* mich relativ einfach, weil zwischen uns ein Vertrauen da ist, auch danach zu sagen, was einem nicht gefallen hat. Das theoretische Reden darüber fällt mir relativ leicht, die praktische Umsetzung macht mir nach wie vor Schwierigkeiten.

Du hast eben häufig das Wort *Probleme* benutzt. Würdest du sagen, daß du im sexuellen Bereich Probleme hast?

*Ja klar, logisch. Das größte Problem ist bestimmt das: Warum geht man zum Beispiel miteinander ins Bett? Weil es beiden Spaß macht oder weil am Ende irgendwas dabei herauskommen muß? Wenn ich mit meiner Freundin ins Bett gehe, dann hat, glaube ich, in hundert Prozent der Fälle am Anfang jeder Lust dazu. Aber wenn sich irgendwann rausstellt, daß einer plötzlich doch keine Lust mehr hat, dann kann er das dem anderen gegenüber nicht offen zeigen. Das klappt nicht. Man verliert aus den Augen, warum man miteinander schläft. Die Unfähigkeit, den Moment zu genießen, das ist das größte Problem. Sich und dem anderen den Punkt einzugestehen, an dem man keine Lust mehr hat, bevor man etwas trotzdem macht. Es hat was damit zu tun, daß man auf seinen eigenen Körper und seine eigene Lust hören muß. Über so etwas kann man mit Freunden noch reden, weil das jeder nachvollziehen kann. Aber wenn es konkret wird, zuzugeben, «Ich schaffe es nicht, meine Freundin zu erregen», oder «Ich bin nicht in der Lage, so lange mit meinem eigenen Orgasmus zu warten, bis meine Freundin kommt», dann wird es wieder zu einem Makel: Der ist nicht fähig, die Anforderungen zu erfüllen, er schafft sein Plansoll nicht. So sagt man es natürlich nicht, sondern da steht das Wort «Schlappschwanz» oder «Versager» im Raum. Und so möchte ich natürlich nicht dastehen. Es ist dann einfacher, ein Bild zu wahren und das Thema einfach auszuklammern.*

*Ich könnte wahrscheinlich darüber reden, wenn ich bei meinem Gegenüber merken würde, daß er den kleinen Finger ausstreckt und bereit ist, darüber zu reden. Aber ich könnte nicht den ersten Schritt machen und sagen, «Hör mal, ich habe da ein Problem, und ich will wissen, ob es dir genauso geht». Diesen ersten Schritt könnte ich im Moment nicht gehen. Wenn jemand mit dem Thema anfinge, würde ich nicht sagen, «Was für ein Quatsch, ich habe solche Probleme nicht». Theoretisch finde ich, daß man darüber reden müßte, aber ich habe nicht das Gefühl, daß ich unbedingt irgend jemandem mein Herz ausschütten müßte.*

Männern geht es offenbar kaum besser als Frauen. Sie haben außer den üblichen Sprachbarrieren auch noch die Angst zu überwinden, daß das von den anderen aufgebaute Bild davon, wie ein Mann sein soll, zerstört und der eigene Ruf geschädigt werden könnte. Dadurch würde das Ansehen bei den Geschlechtsgenossen rapide sinken.

Immerhin scheinen sich die Männer zumindest teilweise mit diesem Rollenklischee zu identifizieren, denn für kaum einen ist der Leidensdruck, der durch diese Schweigsamkeit entsteht, groß genug, daß er sich genötigt fühlte, an dieser als unbefriedigend erkannten Sprachlosigkeit etwas zu ändern. Noch überwiegt offenbar bei allen die Angst, sich bloßzustellen.

# Anspruch...

Welchen Stellenwert hat Sexualität für dich?

**Walter:**

*Für mich hat Sexualität einen hohen Stellenwert, wobei das zur Zeit eine sehr spannende Frage ist. Ich war der Meinung, daß dieser Stellenwert früher sehr viel höher war, und das hatte viel mit diesem Bestätigungszwang zu tun.*

*Heute erlebe ich auch immer wieder Phasen von sexuellem Desinteresse, in denen ich einfach kein Bedürfnis entwickele, mit Jutta zu schlafen. Dann denke ich manchmal, vielleicht hat es doch kei-*

nen so hohen Stellenwert. *Aber wenn ich Sex mache, ist es für mich immer unheimlich schön. Da bin ich ein ganz anderer Mensch und fühle mich danach ungeheuer wohl, bin auch in meiner Geilheit sehr relaxed. Das war früher nicht so, da bin ich oft relativ früh gekommen, weil ich so unter Spannung stand. Heute kann ich Sexualität langanhaltend genießen und habe das Bedürfnis nach einer möglichst langen Penetration.*

*Es hat vielleicht mit meiner Männerrolle in der Sexualität zu tun, daß ich immer noch ein schlechtes Gewissen habe, wenn ich nicht so häufig Lust habe. Zur Zeit lasse ich es selten dazu kommen, schlafe vielleicht einmal in der Woche mit Jutta. Ich bin vielleicht immer noch so gepolt, daß ich denke, ich müßte eigentlich ständig vögeln.*

Irgendwo ist also im Kopf die Bedeutung mit der Häufigkeit gleichgesetzt?

*Schon möglich. Jutta kann oder möchte öfter als ich, das ist für mich eine neue Erfahrung. Dadurch fühlt sie sich oftmals ungeliebt oder unattraktiv. Es hat etwas mit meinem Selbstwertgefühl zu tun, wie oft ich mit ihr schlafe. Ich will nicht mehr so funktionieren, ich will ein Stück meiner eigenen Sexualität, das, was damals nicht stimmte, jetzt kompensieren und zum Beispiel auch mal nein sagen können.*


**Stefan:**

*Man hat diese Phrasen im Kopf, daß Sexualität einen hohen Stellenwert hat und daß die Partnerschaft nur funktionieren kann, wenn auch die Sexualität stimmt, und Sexualität nur stimmen kann, wenn die Partnerschaft funktioniert.*

*Sie hat einen hohen Stellenwert für mich. Ich merke, wie es auf meine Laune zurückschlägt, wenn sexuell etwas nicht stimmt. Ebenso lebe ich in einem Hochgefühl, wenn es schön ist. Das beeinflußt sich gegenseitig.*

*Neben dieser Bedeutung, die Sexualität in meinen Augen ein-*

nimmt, ist sie auch ein gutes Spiegelbild dessen, wie ich bin oder wie ich mit bestimmten Situationen umgehe. Zum Beispiel, was ich mir sexuell eingestehen darf und was nicht. Etwa, daß Sexualität nur innerhalb der Beziehung erlaubt ist und ich alles, was darüber hinausgeht, mit mir selbst abmachen muß.

Es ist natürlich so, daß mich auch Sachen anmachen, die außerhalb der Beziehung ablaufen. Wenn ich zum Beispiel jemanden sehe, der mir gefällt und mit dem ich mir vorstellen kann, sexuell irgendwas zu erleben, oder auch Filme, die ich sehe und die mich anmachen. Dabei kann ich mir selbst eingestehen, daß mich etwas scharf macht, aber innerhalb der Beziehung fällt es mir sehr schwer. Denn das hat nichts mit Ruth und mir zu tun, sondern es geht einen Schritt daneben. Ich habe noch andere Bedürfnisse, die ich, aus welchen Gründen auch immer, nicht befriedige, weil ich frühzeitig im Kopf abgeklärt habe, was erlaubt ist und eine Beziehung trägt und was nicht erlaubt ist, das darf überhaupt nicht sein.

An der Sexualität läßt sich am besten festmachen, wie man mit seinen eigenen Bedürfnissen umgeht, ob man das tut, was man darf, aber nicht das, was man will.

## Christian:

Diese Frage ist mir schon ein paarmal gestellt worden. Ich habe es nie geschafft, eine vernünftige Antwort darauf zu geben. Es ist nicht gerade eine jahreszeitlich bedingte Lust oder ein jahreszeitlich bedingter Stellenwert, aber es gibt Zeiten, in denen ich sehr viel Lust habe, und dann gibt es wieder Zeiten, in denen Sexualität keinen großen Stellenwert bei mir hat. Ich empfinde Sex als eine ganz faszinierende Geschichte, für mich ist es grundsätzlich eine wahnsinnig schöne Angelegenheit.

Ich beneide auch feste Beziehungen ein bißchen um die Möglichkeit, in Sachen Sexualität sehr viel auszuprobieren. Ich glaube auch für mich sagen zu können, daß Sexualität körperlich wohltuend ist und gleichzeitig auch den Geist befriedigen kann. Allerdings kann auch das Gegenteil der Fall sein, wie in den Beispielen, die ich vorhin erwähnte. Da war die Sexualität nichts Wohltuendes für den Körper, sondern eher das Gegenteil.

Was ist das Gegenteil?

*Daß ein psychisches und physisches Unwohlsein zurückbleibt, mehr das psychische als das physische. Ich merke gerade, daß ich über viele Wortklischees verfüge; wenn ich sage «funktionierende Sexualität», empfinde ich das im Moment als Phrase, aber mir fällt nichts Besseres ein – diese läßt mich ein bißchen taumelnd durch die Welt gehen, auf einem ganz weichen Teppich dahinschweben. Sie nimmt dem Leben viel Härte und läßt den Körper entspannen, auch danach. Deshalb gibt es eine Parallele zwischen Psyche und Physis für mich: Wenn der Körper dahinschwebt, wird der Geist bestimmt nicht mit dem Preßlufthammer arbeiten.*

## Harald:

*Das ist abhängig davon, wie es mir geht oder inwiefern ich Erfüllung finde in den Sachen, die ich sonst mache. In einer Zeit, in der ich bei meinen sonstigen Aktivitäten unbefriedigt bin, bekommt die Sexualität einerseits eine sehr große Bedeutung, wird aber andererseits dadurch auch weniger schön. Dann macht es weniger Spaß, obwohl es in solchen Zeiten unheimlich wichtig ist, sexuell mit jemandem zusammenzusein. Ich erinnere mich an Momente, wo ich hinterher auf Grund meines allgemeinen Befindens gedacht habe, das hättest du dir auch sparen können, das war nicht das, was du wolltest. Sexualität bekommt da eine sehr starke Ersatzfunktion.*

*Im Moment möchte ich dahin, daß die Sexualität zu einem kleinen Fest wird zwischen der Frau und mir. Dabei kommt es nicht auf die Häufigkeit an, sondern auf die Art und Weise, wie sie stattfindet.*

*Problematisch sind die Zeiten, in denen Sexualität nebenbei abläuft und entsprechend auch unbefriedigender ist, wenn mir Sexualität einerseits unheimlich wichtig wird, weil ich selber unbefriedigt bin im Leben, ich sie andererseits aber als unbefriedigend erlebe.*

*Desto häufiger habe ich das Bedürfnis danach. Aber es ist von der Qualität her weniger angenehm, als wenn sie ein kleines Fest wird. Dadurch verringert sich für mich die Zahl der sexuellen Kontakte, aber sie werden einfach schöner.*

## ... und Wirklichkeit

Empfindest du deine Sexualität als erfüllend?

**Stefan:**

*Nein. Wenn ich mir vorstelle, wie sie aussehen könnte und wie ich sie empfinde, das sind schon enorme Unterschiede. Wenn ich mit meiner Freundin schlafe, dann finde ich es schon erfüllend, jedenfalls in der letzten Zeit.*

*Ich habe den Anspruch, wie das aussehen sollte: sich ganz gehen lassen und nur auf seinen Körper hören und sich fallenlassen können, und so ist es nicht. Das ist mein Ideal, und wenn ich mir überlege, wie das bei mir aussieht, dann spielen dabei tausend andere Dinge eine Rolle, zum Beispiel der Gedanke, wann ich selbst kommen darf und ob ich das hinauszögern muß. Daher finde ich, daß ich die Vorstellung von einer erfüllenden Sexualität, dieses Fallenlassen, nicht realisieren kann. Ich finde, daß der Kopf bei der Sexualität eine zu große Rolle spielt.*

Das beziehst du aber nur auf deine Freundin?

*Ja, zunächst schon. Vielleicht wäre es besser, Sexualität nicht nur auf sie zu fixieren und zuzugeben, daß ich noch andere Wünsche habe, aber das wäre im Moment zu theoretisch. Im Moment spüre ich diesen Wunsch nicht. Ich weiß auch gar nicht, ob meine Sexualität außerhalb der Beziehung erfüllter wäre. Ich hätte Schwierigkeiten, das zu trennen. Vielleicht gäbe es ein paar Erlebnisse, die reizvoll oder spannend wären, so daß es vielleicht auch*

*ein Gewinn wäre. Auf der anderen Seite finde ich, daß eine er-*
*füllte Sexualität erst mal nur mit meiner Freundin möglich ist.*

*Dieses Kribbeln bei etwas Neuem mag aufregend sein, aber*
*wenn ich mich fallenlassen will, kann ich das eher bei jemandem,*
*den ich schon länger kenne, als bei jemandem, bei dem ich zwar*
*diesen Reiz empfinde, mit dem ich aber nicht so vertraut bin wie*
*mit Ruth.*

### Christian:

*Nein. Der eine Grund ist, daß ich im Moment weder kontinuier-*
*liche sexuelle Kontakte noch eine feste Beziehung habe und somit*
*nur relativ sporadisch sexuelle Begegnungen erlebe. Und die wie-*
*derum fallen so aus wie das, was ich erzählt habe. Die sind mal*
*himmelhochjauchzend und mal entsetzlich traurig.*

Also eine sporadisch erfüllende Sexualität in den Momen-
ten, in denen es himmelhochjauchzend ist. Aber im großen
und ganzen kannst du nicht das ausleben, was du dir selbst
wünschst?

*Deine Frage wirft für mich noch eine grundsätzlichere Frage*
*auf. Ich frage mich nämlich, was ist eine erfüllende Sexualität? Ich*
*denke da an Momente, in denen diese Übereinstimmung bestand,*
*wo beide nicht mehr voneinander lassen konnten und es so lange*
*getrieben haben, bis sie nicht mehr konnten. Irgendwann muß eine*
*Pause eintreten, und wie geht's danach weiter? Heißt erfüllte Se-*
*xualität, daß man immer Lust aufeinander hat? Ist es machbar, daß*
*diese Übereinstimmung immer vorhanden ist?*

*Welchen Stellenwert hat Sexualität, gibt's da eine Quantität?*
*Daß es eine Qualität gibt, ist klar. Und ab wann ist Sexualität*
*erfüllend? Ich habe zum Beispiel im letzten Vierteljahr eine Ar-*
*beit gemacht, die mich ziemlich erfüllt hat, und in dieser Zeit hatte*
*der Wunsch nach Sexualität keinen hohen, sondern einen ausge-*
*sprochen geringen Stellenwert. Ich frage mich, ob man zum Bei-*
*spiel sein Leben lang eine erfüllte Arbeit machen kann, ohne daß*

man den Wunsch nach Sexualität verspürt? Das ist natürlich schwachsinnig. Ich bin der Meinung, daß der Wunsch nach Sexualität grundsätzlich da ist, zweitens auch da sein sollte.

Das Vierteljahr ist vorbei, und gestern ist dieser Wunsch nach Sexualität bei mir wieder aufgetaucht, und zwar durch eine Frau, die ich getroffen habe und die diesen Wunsch in mir hervorgerufen hat. Wobei ich mich frage, warum gerade sie? Ich begegne jeden Tag sehr vielen Frauen. Warum ist jetzt gerade bei ihr dieser Wunsch aufgetreten? Ich habe dafür keine Erklärung.

## Harald:

So pauschal kann ich das nicht beantworten. Es gibt gewisse Zeiten, für die es zutrifft. Im Moment ist es wieder so eine Zeit. Aber es gibt auch sehr viele Zeiten, wo ich diese Frage mit nein beantwortet hätte. Für mich hängt Sexualität sehr stark mit dem Partner zusammen. Ich habe keine sexuellen Kontakte, die einmal und nie wieder stattfinden, nur weil dieser eine Moment so erfüllend ist.

Wenn sich in der Sexualität Gewohnheiten einschleichen, wird sie weniger erfüllend. Dann kommt für mich immer der Punkt, an dem ich die Beziehung in Frage stelle, eben auf Grund dieser Tatsache. Ich versuche dann auch, auf diesem Gebiet weiterzugehen, andere Sachen zu machen, neue Sachen. So gesehen ist es eine ziemlich schwierige Angelegenheit, weil sich ab einem gewissen Punkt alles einschleift. Wenn man es nicht schafft, das zu verändern, dann muß eine neue Frau her. Ein bißchen ist es so.

Deswegen versuche ich auch im Moment, aus der Sexualität ein Fest zu machen und auch mal Phantasien auszuprobieren. Zum Beispiel habe ich Anette vorgeschlagen, doch mal Aktfotos zu machen. Erst hat sie gesagt, daß sie sich das überlegen würde, dann meinte sie, sie möchte von mir auch welche machen und sie könnte sich das gut vorstellen.

Ich habe schon gespürt, daß da Fragen wie «Warum willst du das und wofür?» und «Ich kriege die Negative» aufkamen, aber die

168

waren dann nicht mehr so entscheidend. *Wir haben jetzt zwar noch keinen Zeitpunkt ausgemacht, aber wir werden es in der nächsten Zeit machen. Das finde ich gut, und deshalb kann ich sagen, im Moment läuft es gut. Ich weiß nicht, wie es wäre, wenn sie nein gesagt hätte. Dann hätte ich wahrscheinlich gedacht, ich kann meine Bedürfnisse, meine Wünsche nicht befriedigen oder ich komme nicht zu dem, was ich gerne machen würde, weil meine Partnerin nicht will. Und das ist ein sehr schwieriges Kapitel, denn in dem Fall käme ich sicher auf den Gedanken, mir eine andere Partnerin zu suchen, mit der das möglich ist, was ich will.*

*Da entsteht das Dilemma, «Mit der einen kann ich das und mit der anderen das». Aber die eine Frau will nicht, daß ich mit der anderen Frau etwas habe, aber trotzdem kann ich mit der anderen Dinge machen, die ich mit der einen nicht machen kann. Also kann ich mit jedem sexuellen Kontakt andere Bedürfnisse befriedigen. Oder der Partner ist offen für meine Bedürfnisse und hat auch den Wunsch, solche Sachen auszuprobieren.*

**Walter:**

*Ja, jetzt habe ich eine erfüllende Sexualität, die ich vorher nicht hatte. Auf Grund meiner Entwicklung habe ich jetzt eine andere Partnerin, weil ich ein anderer Mensch geworden bin. Deswegen ist auch die Sexualität für mich befriedigender geworden. Ich bin in dieser Beziehung zu Jutta, mir selbst, meiner eigenen Sexualität näher.*

«Näher» heißt aber noch nicht «ganz dran»?

*Das hielte ich für vermessen. Da spielen auch noch andere Fragen eine Rolle, zum Beispiel die Bejahung oder Ablehnung von Abenteuern, sich auf was anderes einzulassen. In der Hinsicht bleibt so eine erfüllende Sexualität auch immer offen. Natürlich lebe ich gerne mit Jutta zusammen und schlafe gerne mit ihr, aber ich glaube, daß sich in dem Bedürfnis Sexualität auch noch ein Stück Abenteuer befindet, das in einer ganz festen Beziehung – auch bei Jutta – immer auf der Strecke bleibt.*

Die wunschlos glückliche, befriedigende, erfüllende, schöne Sexualität erlebt keiner der vier Männer. Auf Grund ihrer eigenen Unvollkommenheit, ihrer Schwächen und Defizite, müssen Wünsche, Erwartungen und Phantasien offenbleiben. Weder sie noch die Frauen, mit denen sie ins Bett gehen, sind perfekt. Da mag es himmelhochjauchzende Augenblicke geben, in denen wirklich alles stimmt, aber die Mehrzahl der Erlebnisse unbefriedigend.

Sicherlich handelt es sich bei diesen Männern nicht um Ausnahmen von der Regel, sondern eher um vielleicht sogar typische Vertreter ihres Geschlechts, ihrer Generation und ihres sozialen Umfeldes. Sexualität fällt nicht nur nicht vom Himmel, sondern erhebt einen auch nur selten dorthin.

Zum Schluß dieser Interviews soll hier noch einmal Walter mit einem Nachtrag über seine männliche Sexualität zu Wort kommen:

*An dem Punkt, an dem es zur Trennung von Vera kam, kamen bei mir Selbstzweifel auf, die wirklich bescheuert waren. Ich habe mich gefragt, ob mein Glied lang genug ist, ob ich es überhaupt richtig bringe, mit einer anderen Frau zu schlafen. Im Grunde diese ganze mechanische Sexualität, die mit dieser klassischen Männerrolle verbunden ist, so, wie du als Junge erzogen wirst. Der Mann ist ja derjenige, der sich immer beweisen muß. Ich war in der Beziehung mit Vera immer der große Macher, und in dem Moment, in dem sie, die immer die passive Rolle gespielt hat, mir sagt, ich sei out of order, denke ich natürlich, ich bin sozusagen als Chef disqualifiziert.*

*Das spielte sich dann eine ganze Zeit lang auf einer Ebene ab, daß ich solche Gedanken hatte, unattraktiv zu sein und deswegen niemals mehr eine Freundin zu finden. Ich halte das heute für ziemlich dumm. Ich habe schon das Gefühl, daß es Frauen in dieser Hinsicht leichter haben, weil es immer die Frauen waren, die schon von vielen Männern begehrt wurden. Für den Mann stellt sich immer die Frage, und bis zu diesem Zeitpunkt habe ich das nur so erlebt, wenn* ich nicht eine Frau aufreiße, kriege ich keine. Und in einer solchen Trennungssituation hältst du dich für unfähig, das noch zu regeln, wie ein Läufer, der plötzlich ein steifes Bein hat.

Das ist, glaube ich, ein großes Verdienst der Beziehung zwischen Jutta und mir, daß ich viel davon abgelegt habe. Ich fühle mich als Mann heute viel attraktiver und schöner und kann mit meiner Figur besser umgehen. Das waren früher alles Dinge, für die ich ein Feedback gekriegt habe, das mich unheimlich belastet hat. Das addierst du alles zusammen, und bei einer Trennung hältst du dich dann für das häßlichste Entlein, das überhaupt nichts kann und bringt.

Jutta hat mir begreiflich gemacht, daß sie an mir etwas anderes viel mehr schätzt. Das ist ein viel kompletteres Bild vom Mannsein, zu dem auch der Mut gehört, zu sagen, «Ich habe keine Lust». Weil ich weiß, ich bin für sie auch auf einer ganz anderen Ebene wichtig als nur auf der sexuellen, und deswegen kann ich da plötzlich auch mal schwach sein. Das ist für mich ein ganz spannender Punkt, der etwas mit meiner Sozialisation zu tun hat, überhaupt mit dem Bewußtsein, «Du bist ein Macho». Du bist es ein ganzes Stück gerne, glaube ich, weil man so eine Rolle auch genießt, jemand zu sein, der als stark und aggressiv gilt. Das gilt ja in unserer Gesellschaft und vor allem im Beruf eine ganze Menge. Aber umgekehrt ist es wichtig, genau zu wissen, du kannst dich selber viel stärker genießen und akzeptieren, wenn du auch schwach sein kannst. Dein gesamtes gesellschaftliches Verhalten spiegelt sich ja in der Sexualität wider.

Das spiegelt sich auch in der Freundschaft zwischen Olaf und mir wider. Ich glaube, daß ich die Freundschaft zu Olaf gerade deshalb aufgebaut habe, weil er für mich jemand ist, der sich nicht auf diesen Männerkampf eingelassen hat, der nie was mit Kämpfen und Stärke am Hut hatte. Meine früheren Männerfreundschaften hatten auch immer den Aspekt, daß wir Kampfhähne waren.

# Coitus
# silencius

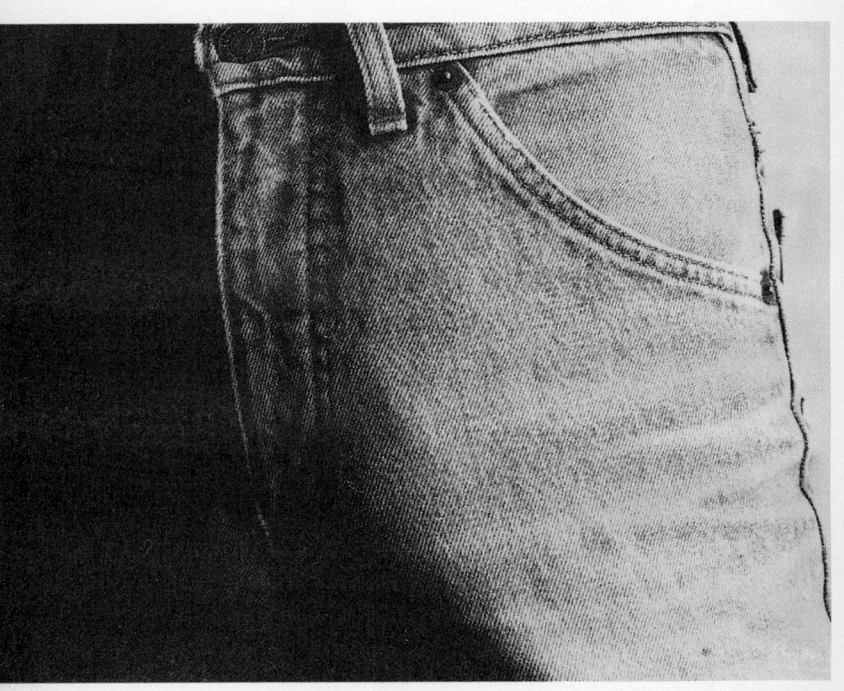

Seit die Frauenbewegung die emotionale Ebene im Mann herauszukitzeln versucht, ist es auch unter Männern «in», Gefühle zu zeigen. Männer dürfen und sollen weinen, sich ihre Schwächen und Ängste eingestehen. Auf der anderen Seite steht die vom Zeitgeist geforderte Coolness, nach deren Spielregeln weder Mann noch Frau etwas anderes als gestylte Gesichter und mühsam eingeübte Gesten der Lässigkeit zeigen dürfen. Vermittelt die erstere Haltung den unausgesprochenen Leitsatz, *Man kann ja über alles reden*, so kommt bei der zweiten das Wissen zum Tragen, daß man über nichts mehr zu reden braucht.

Aufs Bett bezogen, sind beide Varianten nicht gerade lustfördernd: Weder der jedes Stöhnen problematisierende und analysierende noch der mühsam um Haltung und einen versteinerten Gesichtsausdruck bemühte Partner tragen zum beiderseitigen Wohlbefinden bei. Ist es nun also an der Zeit, einen dritten Trend zu verkünden? Wie wäre es zum Beispiel mit einer Mischung aus den beiden vorhergehenden: Der coole, aber im Grunde seines Herzens einfühlsame und liebevoll auf das Wohl des Partners bedachte, existentialistisch gekleidete Condomträger.

Neue Menschen braucht das Land und vor allem das Bett! Doch weder Slogans noch Typisierungen haben uns in der Vergangenheit weitergebracht. Die gesellschaftliche und persönliche revolutionäre Veränderung ist ausgeblieben, resigniert fallen wir auf das Altbewährte, den Coitus silencius, zurück: Reden ist Silber, Schweigen ist Gold. Daß dabei ein wenig von der Lust und dem Spaß, die landläufig sexuellen Betätigungen zugeschrieben werden, auf der Strecke bleiben, scheint ein kleines, aber verkraftbares Übel zu sein.

Zwei Menschen, die sich lieben, verstehen sich ja ohne Worte.

Sicherlich kann ständiges Fragen und Antworten jeden erotischen Charme aus einer intimen Situation verbannen. Das Schweigen jedoch kann auch verhindern, daß Erotik überhaupt entsteht. Wie bei so vielen Dingen im Leben ist auch hier der goldene Mittelweg gefragt. Der Fall, daß zwei Menschen sich wirklich ganz ohne Worte verstehen, ist wohl gerade im Bereich der Sexualität eher die Ausnahme als die Regel. Ebenso scheint die Fähigkeit, über sich, seine Bedürfnisse reden zu können, eine geradezu bemerkenswerte Rarität zu sein.

Sexualität und der Umgang damit sind keine Selbstverständlichkeiten, auch wenn es auf Grund der anatomischen Gegebenheiten so wirkt, als wäre es das leichteste und natürlichste der Welt, zwei Körper zueinander zu führen. Die einseitige Darstellung und Vermarktung der Ware Sex, die Tabuisierung von Themen wie Geilheit und Lust und der im Raum stehende Anspruch, *es* sei das Schönste der Welt, machen es nicht leichter, über dieses Thema zu reden oder sogar zuzugeben, daß man selbst damit Schwierigkeiten hat.

Seit AIDS ist das Thema Nummer eins wieder in die Schlagzeilen gerückt, die Werbe- und Aufklärungsspots appellieren sowohl an die moralisch-ethischen Ansprüche als auch an die Offenheit, die wir unserem Partner gegenüber plötzlich an den Tag legen sollen. Schauspieler und Betroffene treten abwechselnd im Abendprogramm des Deutschen Fernsehens auf und verkünden die Schrecken der neuen Seuche und das bisher einzig wirksame Mittel dagegen, die Vorbeugung: *Reden Sie offen mit ihrem Partner über mögliche Risiken, die sich aus ihrem bisherigen Leben ergeben könnten.*

Eine Nation, der bisher von klein auf quasi verboten wurde, das Wort Sex in den Mund zu nehmen, soll nun plötzlich detailliert und ehrlich miteinander über bisherige

Erlebnisse, Praktiken und Erfahrungen reden. Wirklich eine abenteuerlich anmutende Vorstellung.

Bezüglich AIDS sind zwei Entwicklungen denkbar: Die erste und vielleicht wahrscheinlichste ist die, daß alles beim alten bleibt, die zweite die, daß die Promiskuität eingeschränkt wird. Die Chance, die eine solche «Seuche» bietet, daß offener und ehrlicher über Sexualität geredet wird, ist zwar vorhanden, aber meiner Einschätzung nach ziemlich gering. Konnten wir schon bisher nur mit Überwindung oder gar nicht über Sex reden, wird es dadurch nicht leichter, sondern die Hemmschwellen werden im Gegenteil noch höher.

Auch für Jugendliche wird es wohl eher noch schwieriger, erste angenehme und offene Erfahrungen zu sammeln, da neben den bekannten Schwierigkeiten nun auch noch das AIDS-Problem dazukommt.

Keiner beziehungsweise keinem der hier zu Wort Gekommenen fällt es leicht, über Sexualität zu reden, die eigenen Bedürfnisse zu artikulieren oder die Sexualität so zu gestalten, wie sie oder er sie sich vorstellt. Die Gründe dafür sind ebenso simpel wie grundsätzlich: die (an-)sozialisierte Unselbständigkeit und Minderwertigkeit der Frau einerseits und das ebenso antrainierte Superman-Gehabe des Mannes andererseits.

Auch wenn wir uns bewußtmachen, daß wir von diesen Erziehungsnormen geprägt sind, daß sie nicht unseren persönlichen, sondern den Erwartungen der patriarchalischen Gesellschaft entspringen, so ist das noch lange keine Garantie dafür, daß sich wirklich etwas verändert. Weder die hier interviewten Männer noch die Frauen geben zu der Vermutung Anlaß, sie hätten aus ihren Fehlern oder negativen Erlebnissen ausreichende Konsequenzen gezogen. Niemand kann wohl von sich mit Absolutheit behaupten, er könnte nicht schon morgen wieder in ähnliche Situationen hineinschlittern. Allen gemeinsam ist, daß sie ihre Unzufriedenheit und

Enttäuschung über sich selbst äußern können. Doch um Erlebnisse wie die hier geschilderten in Zukunft zu vermeiden, wäre es nötig, noch einen Schritt weiterzugehen. Um die ehrliche Auseinandersetzung mit der eigenen Sexualität wird entweder ein Bogen gemacht, oder sie bleibt in den Anfängen stecken.

Überraschend ist an den Interviews zweifellos die Erkenntnis, daß unter der mangelnden Kommunikation nicht nur Frauen, sondern offenbar in gleichem Maße auch Männer leiden. Die Ausgangssituation mag dabei zwar unterschiedlich sein, doch Gründe wie Verpflichtung, Schuldgefühle, Verlustangst und ähnliche dürften für beide Seiten zutreffen.

In Beziehungen tauchen dieselben oder noch schwierigere Probleme auf. Das scheint auf den ersten Blick unverständlich, da man doch annehmen könnte, daß das Reden gerade dann leichter fällt, wenn sich zwei Menschen näher kennen und miteinander vertraut sind. Doch auch hier gibt es einige ungeschriebene Gesetze. So stehen Beziehung und Sex in einer Wechselwirkung. Eine Beziehung ohne Sex ist keine Beziehung, sondern höchstens Freundschaft. Wenn die Sexualität innerhalb einer Beziehung nicht mehr «funktioniert», ist es keine richtige Beziehung mehr oder ein Fall für den Therapeuten.

Auch die Quantität spielt eine enorme Rolle. Je glücklicher die Beziehung, desto häufiger schlafen die Partner im allgemeinen miteinander. Und die Umkehrung dieser Feststellung trifft in den meisten Fällen offenbar ebenfalls zu: Je seltener die Partner miteinander schlafen, als desto unglücklicher und unbefriedigender empfinden sie die Beziehung.

Allerdings gibt es für alle Befragten Phasen, in denen sie weniger oder gar keine Lust haben, und andere, in denen es umgekehrt ist. Ein neuer Partner ist aufregender als einer, mit dem man schon seit Jahren zusammen ist, was jedoch nichts über den Grad der Befriedigung aussagt.

Beziehungen werden im allgemeinen mit Liebe gleichgesetzt oder zumindest in Verbindung gebracht. Während man eine one-night-affair oft einfach aus Lust oder Geilheit eingeht, hat die Liebe Priorität bei einer festen Partnerschaft. Liebe ist... sicherlich einer der schwammigsten Begriffe, die unsere Sprache zu bieten hat.

Täglich beteuern sich Millionen Menschen auf der Welt ihre gegenseitige Liebe. Alle benutzen den gleichen Satz *Ich liebe dich*, und doch versteht jeder etwas anderes darunter. Es wird versucht, ein Gefühl in Worte zu fassen, das man, würde man danach gefragt, gar nicht beschreiben könnte. Es gibt wahre, falsche, echte, traurige, unmögliche, tötende, sterbende, glückliche, tragische, hoffnungslose Liebe. Es gibt Menschen, die sich aus Liebe umbringen, und andere, die aus Liebe heiraten. Es gibt Menschen wie Boris Becker, der sagt, *Ich liebe euch alle*. Die BILD-Zeitung teilt ihren Lesern jeden Tag eine neue Definition davon mit, was *Liebe ist*... Offensichtlich sind sie sich alle nicht so ganz sicher.

In Amerika scheint es eine Menge Frauen zu geben, die zu sehr lieben, in Deutschland gibt es neuerdings offenbar Männer, die lieben lassen.★

Liebe ist das meist besungene, bedichtete, beschriebene und verfilmte Wort der Welt. Selbstverständlich darf es in einer Beziehung nicht fehlen. Aber Liebe hat nicht nur angenehme Seiten, sie fordert auch Opfer. So leidet, wer liebt, und manche werden sogar aus Liebe blind. Frauen lassen sich aus Liebe schlagen, vergewaltigen, demütigen, Männer schlagen, vergewaltigen und demütigen aus Liebe. Muß Liebe schön sein!

Eine Beziehung weist nicht nur glückliche Momente auf, sie sollte, wie es schon in alten Hochzeitsformeln lautete, *in guten wie in schlechten Zeiten zusammenhalten*. Im Bereich der

★ Robin Norwood, *Wenn Frauen zu sehr lieben*; Wilfried Wieck, *Männer lassen lieben*.

Sexualität sind letztere zum Beispiel jene Momente, in denen ein Dritter oder eine Dritte den Weg eines Paares kreuzt und die Partner damit in eine mehr oder minder schwere Krise stürzt.

Plötzlich kommt dem Sex eine Bestätigungsfunktion als Liebesbeweis zu: *Wenn du mich noch liebst, dann zeige mir das auch und vor allem im Bett.* Statt miteinander zu reden; schläft man miteinander.

Sprach- und Verhaltensstörungen im Bereich der Sexualität gibt es selbst in langjährigen, nach außen glücklich erscheinenden, Beziehungen. Auch wenn wir noch so viel von offenen und freien Beziehungen reden, so sind wir doch von den herrschenden Normen geprägt. Die konsumorientierte Gesellschaft mit ihrem Waren- und Besitzdenken beherrscht auch den zwischenmenschlichen Bereich. Zwar würden wir nie behaupten, daß wir unseren Partner besitzen wollen, dennoch haben wir Angst, ihn verlieren zu können. Den Absolutheitsanspruch haben wir vielleicht nicht mehr im Kopf, aber um so mehr im Bauch.

Ebenso wissen wir, daß zu einer Beziehung Sex gehört. Wenn nicht, so geraten wir, unsere Ansprüche und unsere Liebe ins Wanken, plötzlich wird vielleicht sogar darüber geredet, warum er oder sie keine Lust hat. Erst die existentielle Not öffnet wenigstens einigen den Mund, wenn auch nicht allen. Soll man sich also wünschen, daß jedes Paar einmal in eine solche Krise gerät, in der Hoffnung, daß sich dadurch das Kommunikationsproblem löst? Doch wie lächerlich muten all diese Hilfestellungen angesichts unserer Ansprüche und unseres Selbstbildes an. Als aufgeklärte Generation, die sich nicht so leicht zufriedenstellen läßt, kämpfen wir zielbewußt für allerlei wichtige Dinge, engagieren uns und werfen anderen ihr Desinteresse, ihre Feigheit oder ihr konformes Schweigen vor. Kompromißlos, unangepaßt und forsch gehen wir unseren Weg, zumindest sehen wir uns gerne so. Neue Männer wissen, was Frauen von ihnen erwarten. An die Stelle des Pornokinobesuches ist die Diskussion über den Machismo und dessen Abschaffung getreten. Männer zeigen Gefühle und schwärmen von den positiven Eigenschaften der Frauen, während diese lernen, ihre Hemmschwellen herabzusetzen, um auch einmal zuschlagen zu können, und ihre Unsicherheit in Rhetorikkursen bekämpfen. Wunderbar, ein neues Zeitalter scheint vor der Tür zu stehen, statt patriarchalischer Machtstrukturen erblüht ein menschlicher Feminismus; alle Menschen werden Brüder und Schwestern, Gott und Göttin schütteln sich befriedigt die Hände.

Keine Revolution wurde von einem auf den anderen Tag gemacht, und daß Späne fallen, wo gehobelt wird, versteht sich von selbst. So müssen wir lernen, mit kleinen Rückschlägen umzugehen und unseren Blick stets auf das Morgen und die rosige Zukunft zu richten, denn eins ist sicher: Es muß kommen, dieses neue Zeitalter, in dem alle Menschen, gleich welchen Geschlechts, dieselben Rechte und Pflichten haben, auf einer Stufe stehen und sich als wirkliche Partner ansehen. Doch da gibt es schon wieder einige Zweifler und Miesmacher, Frauen, die nicht glauben wollen, daß mann aus Fehlern lernt, und Männer, die nicht einsehen wollen, warum sie nicht mehr ins Pornokino gehen sollen.

Es bedürfte einer philosophischen Erklärung, warum jede gute neue Idee zum Scheitern verurteilt ist, warum immer nur Teile eines neuen Gedanken- und Lebensentwurfs auch wirklich in die Tat umgesetzt werden und eine Vielzahl der nötigen Veränderungen unter der Last der an sie gestellten Erwartungen erdrückt werden. Die Feststellung, daß das Private politisch ist, beinhaltet selbstverständlich auch ihre eigene Umkehrung. Doch das Politische, das wir ins Privatleben überführen, endet oftmals bei den bekannten Schlagwörtern von Autonomie und Selbstverwirklichung. Wirklich ändern tut sich dadurch nichts.

# Esperanto oder die Überwindung des Turmbaus zu Babel

Männer wollen immer und nur das eine! Wollen sie wirklich oder ordnen sie sich nur dem Supermanklischee unter? Wollen Frauen seltener oder wollen sie nur anders? Männer sind selbstsicherer und stärker. Gilt das auch für die Sexualität? Wir haben unsere Klischees über das jeweils andere Geschlecht im Kopf, wenn diese sich auch verändert haben. Nun wäre es sicherlich falsch zu behaupten, diese Bilder seien allesamt unzutreffend, doch angesichts der Antworten, die die Männer in den vorangegangenen Interviews gaben, lassen sich einige zumindest modifizieren:

*Männer wollen immer.* Falsch. Männer, jedenfalls diese vier, wollen häufig auch keinen Sex. Die männliche Omnipotenz ist demnach zumindest im sexuellen Bereich ein Trugbild. Die Tatsache, daß alle vier Männer Situationen erlebt haben, in denen sie gegen ihren eigenen Willen mit einer Frau geschlafen haben, überrascht. Das Problem des Ja-Sagens und Nein-Meinens ist also nicht spezifisch weiblich.

*Männer sind selbstsicher und wissen, wo es langgeht.* Falsch. Im Bereich der Sexualität ahnen oder erträumen sie sich höchstens, wie es anders sein könnte. Die Selbstsicherheit hört bereits bei der Frage nach der Verhütung auf, darüber konnten Frauen sich schon seit ihren ersten Erfahrungen mit der Spezies Mann ein eigenes Bild machen.

*Männer wollen immer nur das eine.* Falsch. Manchmal möchten sie gar nicht, manchmal anders und manchmal wollen sie nur Händchen halten im Mondschein.

Bleibt die Frage, woher diese Klischees kommen, wer sie zeichnet und weshalb Männer sich so häufig bemühen, ihnen ähnlich zu werden, oder andererseits solche Schwierigkeiten haben, sie außer Kraft zu setzen.

Obwohl keiner der befragten Männer mit seiner Sexualität zufrieden ist, scheinen sie sie schweren Herzens zu akzeptieren. Harald träumt zwar davon, aus der Sexualität ein Fest zu machen, doch schon im Vorfeld droht dies an den Hemmungen oder Unsicherheiten seiner Freundin zu scheitern. Pech für sie, denn falls alle Stricke reißen sollten, muß er sie leider verlassen. Ohne Sex keine Beziehung. Doch nicht nur sie ist das Problem, sondern auch seine eigenen Sprachstörungen auf dem Gebiet Nummer eins. Entweder eignet sich Anette also hellseherische Fähigkeiten an, um so seine sexuellen Phantasien und Wünsche zu entdecken, oder es bleibt eben alles beim alten.

Eine befriedigende, schöne Sexualität fällt keinem in den Schoß. Bevor wir über Sex nicht wie über andere selbstverständliche Dinge wie das Essen oder das Wetter reden können, wird es ein problematisches und «unnatürliches» Etwas bleiben, das man zwar tut, worüber man aber nicht spricht. Es ist schwierig, die von klein auf gelernten Sprachbarrieren auf diesem Gebiet abzubauen – zu gründlich waren die Lektionen, die wir gelernt haben. Unser Wissen in diesem Bereich der menschlichen Existenz ist ziemlich beschränkt. Statt dessen wachsen die Mythen in den Himmel. Immer noch glauben etliche Männer und Frauen an den sagenumwobenen vaginalen Orgasmus.

Geschlechtsverkehr wird mit Penetration gleichgesetzt, und dies ist ausgerechnet diejenige Form des Sex, bei der Frauen nur schwer zum Orgasmus kommen.

Seit die Frauenbewegung die Beschäftigung mit dem weiblichen Körper und die Suche nach der eigenen Sexualität forciert, ist immerhin einiges geschehen. Die Männerbewegung beansprucht dieselben Rechte für sich und entdeckt zum Beispiel, daß es einen Unterschied zwischen Ejakulation und Orgasmus geben muß. Innerhalb der eigenen Reihen scheint es also durchaus möglich, auch über Dinge unterhalb der Gürtellinie zu sprechen. Wirklich schwierig wird es nur, wenn die zwei Welten aufeinandertreffen, denn wie spricht man darüber, wie benennt man die Körperteile, um die es geht, wie drückt man seine Gefühle, Wünsche und Bedürfnisse aus, ohne den anderen zu verletzen oder zu schockieren?

Für eine neue Lust sind auch neue, andere als die negativ besetzten alten Begriffe notwendig. Ein Seminar, das sich mehrere Stunden lang auf die Suche nach schönen Worten machte, kürte schließlich unter dem Einfluß fortgeschrittener Alkoholisierung und Frustration die Bezeichnungen *Würmchen* und *Honigtopf*. Nüchtern betrachtet übertrifft das noch bei weitem die Bienchen und Blümchen der fünfziger Jahre. Auch andere Begriffe, wie Sex, Sexualität, Geilheit sind (inzwischen) so abgedroschen, daß sie wenig geeignet sind, das zu beschreiben, wofür uns ohnehin die Worte fehlen.

Manche Paare helfen sich damit, daß sie Kosenamen für die jeweiligen Geschlechtsteile benutzen und sich auf diese Weise spielerisch und in verniedlichender Form dem Unaussprechlichen nähern. Doch was macht der Single, wenn er jemanden kennenlernt? Es ist unwahrscheinlich, daß er den Mut besitzt, sich lächerlich zu machen, und von seinem Mümmelmann oder ihrem Lustgröttchen spricht. Da sich aber auch alle anderen gängigen Worte nicht eignen, wird sich das (ohnehin unwahrscheinliche) Gespräch in Allgemeinheiten und Andeutungen erschöpfen, die allzu leicht mißverstanden werden.

Der Turmbau zu Babel scheiterte bekanntlich an der göttlichen Einführung der Fremdsprachen. Esperanto ist eine Kunstsprache, durch deren Erlernen dieses Problem überwunden werden soll. Es gibt keine Lehrbücher, anhand derer man die Sprache der Sexualität – wie zum Beispiel französösisch oder englisch – erlernen könnte. Auch das Lesen kluger Bücher enthebt uns nicht der Aufgabe, eigene Ideen zu entwickeln und diese in die Tat umzusetzen. Eine angstfreie Sexualität erfordert uneingeschränktes Vertrauen in den Partner sowie den Wunsch, sich oder etwas ändern zu wollen. Das Vorurteil, alles, was von der sexuellen Norm abweicht, sei pervers, krankhaft oder sogar gefährlich, ist eine innere Hemmschwelle, die überschritten werden muß. Alles, wozu beide Lust haben, ist erlaubt. Aber kennen wir überhaupt unsere Wünsche, Bedürfnisse und Phantasien, oder sind diese schon von vornherein der imaginären Schere im Kopf zum Opfer gefallen?

Unsere Vorstellungen über Sexualität sind weitgehend davon geprägt, wie wir sie selbst erlebt haben, und davon, wie sie uns täglich vor Augen geführt wird. Unangenehme, gewalttätige oder auch einfach nur langweilige Erlebnisse schränken unsere Phantasie auf diesem Gebiet ein. Der Freiraum, unsere ganz persönliche Sexualität zu suchen und zu finden, ist uns nicht von selbst gegeben, und so verhalten wir uns dann auch meist so, wie es alle tun.

Recht selbstverständlich entwickelt sich das Sexualleben in einer langjährigen Beziehung in verschiedenen Phasen: Zu Beginn ist alles noch spannend und aufregend, der neue Körper wird mit Hochdampf erforscht, gemeinsam versucht man die schönstmögliche Sexualität zu leben. Im Laufe der Jahre verliert der Sex an Bedeutung, die Lust läßt nach, und leicht schleicht sich hier eine gefährliche Routine ein. Plötzlich merkt man, daß es auch noch andere potentielle Partner gibt, die einen sexuell reizen. Sexualität mit dem Partner wird alltäglich, vielleicht sogar langweilig. Die Sternstunden, in denen sich beide aufeinander stürzen, werden seltener, und so, wie man halt ab und zu ins Kino geht, geht man eben manchmal ins Bett, und das auch schon mal ohne Lust, um den anderen nicht zu enttäuschen oder «weil es mal wieder Zeit wird». Fürwahr ein triftiger Grund: Da die Libido das allgemeine Wohlbefinden beeinflußt, wird die Frau vielleicht grantig oder der Mann nervös, wenn die «Triebe» zu lange brachliegen. Dann schon lieber eine schnelle Nummer, um die angestrebte Ausgeglichenheit wiederherzustellen.

Abgesehen von der Frustration, sich einzugestehen, daß man (noch) nicht die schönste aller möglichen Sexualitäten erlebt hat, fehlen oft einfach die Möglichkeiten oder Ideen, das bisherige Einerlei umzukrempeln. Da kann es eine Chance sein, wenn beide unzufrieden sind, immerhin könnte daraus etwas Neues und Besseres entstehen. Versuche, etwa das *Tantra der Liebe* zu erlernen, bei dem man zwei Wochen lang erst mal *Om* sagen muß, bevor man sich gegenseitig an den Fingerspitzen berühren darf, scheinen für unseren Kulturkreis ziemlich untauglich. Die amerikanische Methode wiederum, bei der jeder seinen Psychoanalytiker zu Rate zieht, ist den meisten zu teuer und vor allem für Ungeduldige zu langwierig. Bliebe noch die Möglichkeit, einer Sekte beizutreten, in der klipp und klar vorgeschrieben wird, was Sex für den jeweiligen Guru bedeutet und wie er praktiziert werden muß. Auch keine Alternative? Na, dann versuchen wir es doch mal selbst!

Sabine wünscht sich in ihrer Beziehung, auch einmal einen aktiven Vorstoß zu wagen. Statt dessen sendet sie Signale aus, damit er den Anfang macht. Was wäre, wenn sie es einmal versuchen würde? Es ist nicht anzunehmen, daß sich Joachim auf der Stelle von ihr abwenden würde. Dennoch tut sie es nicht und verliert sich lieber in diesbezüglichen Wunschphantasien. Birgit hingegen hat dieses Ziel schon erreicht, und siehe da, ihr Partner kann damit umgehen. Wenn er ihren Wünschen nicht entsprechen will, äußert er dies klar und deutlich, eine normale und akzeptable Reaktion. Allem Anschein nach ist es also theoretisch wie praktisch möglich, über die gemeinsame Sexualität zu reden.

Wir leben in einer von Männern definierten und dominierten Gesellschaft, die Frauen trotz gesetzlich verankerter Gleichberechtigung praktisch überall auf die zweiten Plätze verweist. Was aber die Sexualität betrifft, so sind zweifellos beide Geschlechter «verkorkst», sowohl die «untertänige» Frau als auch der «omnipotente» Mann. Eine Veränderung ist also nur von beiden Seiten möglich. Die Abschaffung des traditionellen Geschlechtsverkehrs als Penetration scheint die Grenzen des Machbaren zu sprengen. Zwar wird zur Zeit der ungeschützte Geschlechtsverkehr bekämpft, aber noch ist keine Kampagne in Sicht, die darauf hinauslaufen würde, daß man, zum Beispiel um AIDS zu verhindern, von der Penetration absehen und andere, ungefährlichere Praktiken entwikkeln sollte.

Gerade diese Art der Sexualität ist, wie auch in einigen der Interviews deutlich zur Sprache kam, eine der unbefriedigendsten für die Frau. Doch an männlichen Privilegien zu rütteln, scheint ein schweres Sakrileg zu sein. Sicherlich gibt es Paare, die sich sexuell nur über Körpersprache verständigen können, andere werden aber kaum umhinkommen, sich immer wieder darüber auszusprechen.

Ohne die vieldiskutierten Unterschiede zwischen weiblicher und männlicher Sprache hier noch einmal aufzuführen, sollen hier einige der in den Interviews benutzten Begriffe für sich sprechen:

| ♂ | ♀ |
|---|---|
| *Plansoll* | *Überrumpelung* |
| *schwache Frequenz* | *Prestige* |
| *funktionieren* | *erdulden* |
| *Leistungsdruck* | *Verantwortungsgefühl* |
| *Ersatzfunktion* | *Kompensation* |
| *der Starke* | *das Lustobjekt* |

Beide Geschlechter bewegen sich in ihrer Wortwahl in den gängigen Kategorien: die Männer im technisch-wirtschaftlichen, die Frauen im leidend-mütterlichen Vokabular. Beide Ausdrucksweisen zeugen weder von Individualität noch von einem Gefühl, das man mit Sexualität verbinden würde.

Er muß sein Plansoll erfüllen, sie läßt sich überrumpeln.

Er leidet unter dem Makel einer schwachen Frequenz, sie erhöht ihr Prestige durch eine Beziehung.

Für ihn muß Sexualität funktionieren, sie erduldet sie.

Ihn drückt der Leistungsdruck, sie das Verantwortungsgefühl.

Für ihn hat Sex teilweise eine Ersatzfunkion, sie kompensiert damit Mängel.

Er soll der Starke, sie das Lustobjekt sein.

Beide Geschlechter sind mit diesen klassischen Schwarz-Weiß-Klischees unzufrieden, sie wünschen sich ein farbigeres, bunteres Bild ihrer Sexualität. Doch sowohl die Umsetzung als auch die sprachliche Neugestaltung lassen auf sich warten oder scheitern an mangelnder Phantasie.

## Muß es so bleiben?

Frauen sagen ja, wenn sie nein meinen. Wir kennen zwar verschiedene Gründe wie Verlustangst, Verpflichtung und Schuldgefühl. Warum sich dennoch die denkende Frau, die intellektuell oder durch eigene unangenehme Erfahrungen aufgeweckt wird, immer wieder bewegen läßt, erneut ja zu sagen, bleibt letzten Endes ein Geheimnis. Es gibt zwar kleine Lernerfolge, vereinzelte Emanzipationsversuche, gelungene ebenso wie gescheiterte, aber die Schwierigkeit an sich scheint sich nicht beheben zu lassen. Für mich selbst überraschend war die Feststellung, daß die Schwierigkeit, nein zu sagen, nicht ausschließlich weiblich ist, ja sogar von allen in diesem Buch interviewten Männern aus eigener Erfahrung bestätigt wurde. Auch wenn es hier qualitative Unterschiede gibt – die männlichen Erfahrungen auf diesem Gebiet sind nicht unbedingt mit denen der Frauen vergleichbar –, so ist dennoch die Neigung, gegen den eigenen Willen zu handeln, ein menschliches Problem, und nicht typisch weiblich oder männlich.

Natürlich handeln wir auch auf anderen Gebieten gegen unseren Willen. So war es sicherlich in den seltensten Fällen unser ureigenster Wunsch, jahrelang tagtäglich die Schulbank zu drücken. Auch mag uns nicht jede Arbeit befriedigen, und wir tun sie trotzdem. Dies sind jedoch Bereiche, die von äußeren Umständen abhängig sind, aus denen wir uns oft nicht lösen können, während die Sexualität in erster Linie unsere eigene Angelegenheit ist, bei der wir in den meisten Fällen (außer bei Vergewaltigungen) eine eigene Entscheidung treffen könnten. Weshalb also tun wir es dann so häufig nicht?

Der Hinweis auf soziale Prägung, Verhaltens- und Sprachstörungen mögen Antworten liefern, doch sie entbinden uns nicht von der notwendigen selbstkritischen Frage, warum auf eine Erkenntnis keine Veränderung folgt. Also sind wir entweder zu bequem oder unfähig oder unwissend, oder aber wir haben uns zwischenzeitlich in der Misere eingerichtet und fühlen uns trotz allem ganz wohl in unserer Haut. Kleine Opfer müssen eben gebracht werden.

Es ist offensichtlich ein Trugschluß, daß Frauen, wenn sie Anzeichen von Unzufriedenheit spüren, nicht mehr ruhigen Gewissens so weiterleben könnten wie bisher, daß der Leidensdruck zur Herausforderung würde, die dazu führt, daß Frauen aktiv etwas an ihrer passiven Haltung zu ändern versuchen. Viel zu oft und zu schnell resignieren wir, und die alten Strukturen werden wiederbelebt.

Ist solche Aktivität vielleicht vom «passiven» Geschlecht ohnehin nicht zu erwarten, so ist es doch genauso tragisch, daß zwar drei von den vier befragten Männern behaupten, sie seien mit ihrer Sexualität nicht zufrieden, aber gleichzeitig weder zu neuen Ufern aufbrechen noch zu neuen sexuellen Praktiken, zu Gesprächen oder zu radikalem Umdenken in der Lage sind. Hier wie dort versinken die eigenen Ansprüche im Treibsand einer oberflächlichen, normierten Sexualität.

Persönliche Veränderungen setzen die Auseinandersetzung mit sich, den eigenen Rollen als Frau oder Mann, und mit der persönlichen Sozialisation voraus. Die Erkenntnis, daß man selbst die Regeln des Patriarchats mitspielt, kann zu einer Unzufriedenheit führen, die es unumgänglich macht, etwas daran zu ändern. Die eigene Emanzipation muß also da ansetzen, wo es schmerzt: bei und in einem selbst, in der Beziehung, in der Familie oder Wohngemeinschaft, im Bekanntenkreis, im Beruf.

Auf die Sexualität gemünzt, bedeutet dies: Ich muß mir darüber klarwerden, ob mich meine Sexualität befriedigt oder nicht. Die Schwierigkeit liegt allein darin, daß es wenig Möglichkeiten gibt, zu einer selbstbestimmten Sexualität zu finden und eigene Formen zu entwickeln. Möglich ist dies nur, wenn man sich selbst ernst nimmt und als eigenständige Person wahrnimmt.

> *Als ich den mund endlich aufmachte, hatten*
> *sich in meinem kopf strukturen gebildet. das*
> *schwierigste von allem, was ich formulieren*
> *lernte, war das wort*
> *n e i n.*
> *vorläufer davon waren:*
> *weisst du, ich finde das*
> *ich will damit ja nur sagen*
> *ich meine ja nur*
> *verstehst du, was ich meine?*

> (Verena Stefan, *Häutungen*)

# Literatur

Autorinnenkollektiv, *Unser Körper – Unser Leben,* Band 1, Rowohlt, Reinbek 1980

Baurmann, Michael, *Sexualität, Gewalt und die Folgen für das Opfer,* Bericht des kriminalistischen Institutes Wiesbaden 1984

Beauvoir, Simone de, *Das andere Geschlecht,* Rowohlt, Reinbek 1968

Belotti, Elena Gianini, *Was geschieht mit kleinen Mädchen,* Frauenoffensive, München 1975

Benard, Cheryl / Schlaffer, Edit, *Die ganz gewöhnliche Gewalt in der Ehe,* Rowohlt, Reinbek 1978

Brownmiller, Susan, *Gegen unseren Willen,* Fischer, Frankfurt 1980

Chasseguet-Smirgel, Janine, *Psychoanalyse der weiblichen Sexualität,* Suhrkamp, Frankfurt 1974

Dowling, Colette, *Der Cinderella Komplex,* Fischer, Frankfurt 1982

Duhm, Dieter, *Angst im Kapitalismus,* Kübler, Lampertheim 1972

Eichner, Klaus / Habermehl, Werner, *Der RALF-Report. Das Sexualleben der Deutschen,* Hoffmann und Campe, Hamburg 1978

Erikson, Erik H., *Identität und Lebenszyklus,* Suhrkamp, Frankfurt 1973

Friday, Nancy, *Wie meine Mutter,* Fischer, Frankfurt 1982

Haarbusch, Elke / Jochens, Karin / Kavemann, Barbara u. a., *Sexualität – Unterdrückung statt Entfaltung,* Leske und Budrich, Leverkusen 1985

Hagemann-White, Carol, *Die Kontroverse um die Psychoanalyse in der Frauenbewegung,* in: *Psyche,* Heft 8/78

Hervé, Florence / Steinmann, Elly / Wurms, Renate, *Kleines Weiberlexikon,* Weltkreis, Dortmund 1985

Hite, Shere, *Der Hite Report,* Goldmann, München 1980

Kinsey, Alfred C., *Das sexuelle Verhalten der Frau,* Fischer, Frankfurt 1954

Kunstmann, Antje, *Mädchen, Sexualaufklärung emanzipatorisch,* Frauenbuchverlag, München 1976

Matthiae, Astrid, *Vom pfiffigen Peter und der faden Anna,* Fischer, Frankfurt 1986

Millett, Kate, *Das verkaufte Geschlecht*, Rowohlt, Reinbek 1983

dies., *Sexus und Herrschaft*, Rowohlt, Reinbek 1985

Mitscherlich-Nielsen, Margarete, *Zur Psychoanalyse der Weiblichkeit*, in: *Psyche*, Heft 8/78

Norwood, Robin, *Wenn Frauen zu sehr lieben*, Rowohlt, Reinbek 1986

Scheu, Ursula, *Wir werden nicht als Mädchen geboren – wir werden dazu gemacht*, Fischer, Frankfurt 1977

Stefan, Verena, *Häutungen*, Frauenoffensive, München 1975

Wesley, Frank/Wesley, Claire, *Die Psychologie der Geschlechter*, Goverts, Frankfurt 1981